"Por mais de vinte anos tenho orientado o marketing de empresas da Fortune 500, e neste tempo nunca encontrei uma ferramenta mais poderosa para gerar negócios e visibilidade mundo afora que o LinkedIn. Meu bom amigo Dan Sherman criou agora o que considero ser um guia indispensável para usar este poderoso site de mídia social para alcançar todas as suas metas profissionais. Leia agora, e você descobrirá como usar o site para construir qualquer tipo de carreira ou negócio que quiser."

– Charlie, consultor de marketing, autor e CEO da MarketingforSuccess.com

"É lamentável que tantas pessoas ignorem o LinkedIn como uma ferramenta para o desenvolvimento de negócios e crescimento da carreira. *Obtendo o Máximo do LinkedIn,* de Dan Sherman, revela os segredos de como usar o site para o seu maior benefício. Um guia válido para o seu sucesso."

– Jim F. Kukral, autor, *Business Around a Lifestyle*

"O livro de Dan é um guia inteligente e fácil de ser seguido para qualquer pessoa interessada em se beneficiar da mídia social. Mal pude esperar para me conectar ao LinkedIn a fim de implementar uma série de sugestões criativas de Dan."

– Ed Brodow, autor, *Negotiation Boot Camp*

"Não é por acaso que Dan Sherman é uma das principais autoridades mundiais em LinkedIn. E neste livro prático, Dan disponibiliza esta paixão e conhecimento para nós, meros mortais. Se você está procurando desenvolver seu perfil, este livro deve ser a bíblia do seu negócio. Dan coloca a questão brilhantemente: "Se você não está no LinkedIn, não está no mercado!"

Ron Brown, autor campeão de vendas, *How to Build Your Reputation*, e fundador, Global Networking Council

"O meu negócio é ver resultados, e Dan Sherman proporciona isso em seu livro, ao oferecer conselhos práticos fáceis de entender e colocar em prática. Se você precisa saber como usar o LinkedIn mais eficientemente para aprimorar sua vida profissional, o livro de Dan é leitura obrigatória! Eu o recomendo mesmo para meus clientes."

– Sheryl Nicholson, CSP, palestrante, autora, consultora.

"Dan Sherman reuniu tudo que aprendeu sobre o LinkedIn para construir uma marca mundial e criar a carreira dos seus sonhos, e colocou em uma fórmula passo a passo, para facilitar sua busca por trabalho. Dan mostra como chegar ao topo das pesquisas de recrutadores e mostrar suas competências e talentos, e como fazer para que os recrutadores o contatem para falar de oportunidades. Eu li vários livros sobre a melhor maneira de usar o LinkedIn para encontrar um novo emprego, mas agora recomendo a obra de Dan Sherman apenas porque o leva do estágio de iniciante para o de especialista rapidamente. Compre-o, leia-o, e garanto que o livro abrirá tantas oportunidades novas que você se sentirá estimulado a trabalhar cada dia na sua busca pelo emprego novo."

– Frank Welzig, consultor de carreira executiva, e presidente, www.NewJobCoach.com

"Este é um livro que não se pode deixar passar! Do início ao fim, esta obra é leitura obrigatória. Ela descreve tudo que você precisa saber a fim de impulsionar seu negócio muito à frente dos seus concorrentes e permanecer lá."

– Terri Bork, autor, *The Google Places Bible*

"Dan Sherman é um especialista em como alavancar o LinkedIn para construir conexões de negócios além do que é considerado possível. Neste livro, ele generosamente compartilha dicas e estratégias para expandir suas conexões no LinkedIn e transformá-las em indicações lucrativas. Eu recomendo absolutamente a leitura deste livro para educar e esclarecer a respeito do verdadeiro poder do LinkedIn."

– Mandy Wildman, consultor financeiro

"Eu segui apenas algumas dicas de Dan e aumentei minhas conexões no LinkedIn de 400 para 1.400 de sexta para segunda-feira, com muito pouco esforço. Na verdade, eu estava fora da cidade, de maneira que passei muito pouco tempo online, mas ainda assim tive um enorme aumento. Mal posso esperar para ver o que vai acontecer quando eu realmente me dedicar ao LinkedIn. Obrigado novamente pela informação que você compartilhou conosco."

– Joanne Eckton, consultora de administração

"Embora meu perfil do LinkedIn estivesse 100% completo, eu sabia que não estava utilizando seu pleno poder como deveria. Eu contratei Dan para para me ensinar a otimizar meu perfil, acrescentar aplicativos e conhecer melhor a versão paga. Dan foi excelente em permanecer focado e me ensinar em 90 minutos o que eu teria levado vinte horas para descobrir sozinho. Vou aproveitar este conhecimento com meus próximos clientes. Obrigado, Dan!"

– Clint Babcock, vice-presidente, Sandler Sales Training

"Assisti a Dan falar sobre o poder do LinkedIn e empreguei algumas das táticas que ele me ensinou para fortalecer o perfil. Sou proprietário de um site sobre pescaria, e agora se você digitar "pesca" ou "passeios de pesca" no mecanismo de pesquisa, sou o número 1! As táticas e métodos de Dan para o crescimento dos negócios geram resultados imediatos."

– Chad Nikolic, CEO da FishNCheap.com

"Dan conhece o assunto. Assisti a Dan falando sobre como alavancar seu negócio com o LinkedIn. Cheguei sem saber nada, mas após duas horas aprendi tudo que precisava para saber como vender efetivamente e gerar indicações usando o LinkedIn."

– Mark Guthrie, arquiteto chefe e proprietário, biz360.biz

"Minha empresa passou há pouco por um processo de mudança de marca, e por isso procurei Dan para aprender a colocar vídeos no meu perfil no LinkedIn. Ele me ensinou, e também me mostrou de quais grupos participar, uma ferramenta que eu não fazia ideia alguma de como usar. Isso ajudará o meu negócio tremendamente."

– Jan Tinder, vice-presidente, The Advantage Group

"Eu não sabia nada sobre o LinkedIn antes de começar o treinamento de Dan, e era muito cético em relação a como o usaria para beneficiar meu negócio. Dan sabe tudo sobre LinkedIn, e agora me sinto absolutamente confiante de conseguir indicações do site, devido a minha capacidade de encontrar outras pessoas. Eu realmente me conectei com os outros e expandi o meu negócio. Se quiser aprender sobre o LinkedIn, leia o livro de Dan."

– Robert Case, credor comercial, Signature Capital Lending

"Se não teve a oportunidade de aprender com Dan a respeito do LinkedIn, você está perdendo valiosas informações que podem incrementar significativamente o seu negócio. Dan é realmente um especialista quando se fala em maximizar a presença no LinkedIn."

– Andre Kasberger, estrategista de marketing online

"Dan me convenceu e me mostrou como usar o LinkedIn efetivamente. Em ocasiões anteriores achei o LinkedIn difícil de usar e sem sentido, então cancelei minha conta. Dan mudou minha opinião, e em meia hora eu tinha todas as ferramentas básicas para montar efetivamente um perfil e começar a coletar contatos novamente que eram relevantes para meu negócio. Dan é fantástico! Encontrei dois dos meus contatos hoje, e iniciamos um diálogo produtivo. Sem o LinkedIn, estas conversas nunca teriam ocorrido. O resultado final é que farei negócios com estas pessoas nos próximos dias."

– Philip Frommholz, proprietário, Phil the Mover

"A apresentação de Dan no LinkedIn é repleta de informações práticas para a incrementar seu perfil no LinkedIn. Isso levará a muitas oportunidades para me conectar com outros profissionais. Eu recomendo o livro de Dan para qualquer pessoa, seja um usuário iniciante ou usuário mais avançado do LinkedIn."

– Joe "The Blog Guy" Jacobson, proprietário, Step by Step Blog Building

"Eu assisti à aula de LinkedIn de Dan e realmente foi proveitoso. Já tinha uma conta no LinkedIn, mas não entendia realmente como funcionava, e na realidade me sentia um tanto desinteressando daquilo tudo. Mas Dan nos fez avançar passo a passo, mostrando como otimizar nossos perfis, a importância de participar de grupos e debates, etc. Agora quando eu faço uma pesquisa com as palavras-chave da minha atividade, estou na primeira página. Grande curso, grande valor."

– Mark Liquorman, Microsoft Access Expert

"Eu me inscrevi para a aula de Dan porque ele é um especialista em LinkedIn! Dan dedicou seu tempo para... dominar o site, [e] ele é um professor paciente e obviamente proporcionou treinamento para alunos de todas as competências e níveis de experiência. Dan Sherman é um grande treinador de LinkedIn, eu posso definitivamente recomendar suas aulas para qualquer pessoa com vontade de aprender a usar o site ou otimizar o seu perfil e alavancar esta ferramenta de geração de negócios incrivelmente valiosa."

– Amy Campbell, consultora de marketing

"Embora eu fosse um integrante ativo da comunidade LinkedIn há algum tempo, achei o treinamento de Dan altamente informativo e valioso. Dan apresenta a sua matéria de uma maneira cativante e fácil de compreender. Se está procurando maneiras para incrementar o seu negócio, você tem de contatar Dan Sherman."

– Lee Silverstein, consultor de carreira executiva,
TampaBayJobCoach.com

"Dan apresenta uma sinopse detalhada e fora de série não apenas das muitas facetas do LinkedIn, mas também de como ser encontrado, e como encontrar e ampliar a sua rede de exposição. O treinamento de Dan abriu meus olhos para áreas do LinkedIn a fim de ajudar a expor meu negócio, criar parcerias e encontrar clientes. Altamente recomendável."

– Jay Adams, presidente, Alpha Omega Telecom, Inc.

"Fiz o treinamento em LinkedIn de Dan, e creio ter saído dele com muitas informações que me ajudarão. Eu desperdicei oportunidades no site, e agora acho que meu tempo será gasto mais produtivamente. Estou ansioso testar algumas coisas que aprendi sobre LinkedIn."

– Victor Amuso, programador de software, ParableSoft

"No treinamento LinkedIn de Dan Sherman, aprendi exatamente o que precisava para usar o LinkedIn e alavancar meu negócio. Dan é realmente um especialista no assunto. Não apenas está muito envolvido, mas é também um professor excelente. Ele realmente o ajuda não importa qual o seu nível de conhecimento no LinkedIn. Eu recomendo o livro de Dan se você precisa de um especialista para ajudar a sua empresa a progredir."

– Paul Belshaw, proprietário, Belshaw Accounting and Tax Services

"Eu queria aprender a usar o LinkedIn para desenvolver o meu negócio. Foi quando descobri Dan Sherman, e minha procura tinha basicamente terminado. Com muitos anos de experiência atuando em marketing, Dan é um verdadeiro profissional. Ele não apenas sabe como aplicar princípios de marketing de eficiência comprovada para o novo mundo de marketing na internet, como se aprofundou nos detalhes do LinkedIn. E, diferentemente, de tantos outros "especialistas" nestas áreas, Dan realmente sabe como ensinar princípios e técnicas importantes para novatos e veteranos."

– Luke Melton, designer gráfico, Latitude 28 Design and Marketing

"Até participar do curso de LinkedIn de Dan, eu não fazia ideia do que poderia fazer para o meu negócio. Sua aula foi informativa, completa e fácil de compreender. Dan passa instruções práticas que funcionam tanto para o novato quanto para o usuário experiente. Ele tem um conhecimento incrível e aprofundado do LinkedIn assim como outras estratégias de marketing. Eu recomendo seu livro e suas aulas com toda a confiança."

– Terie Hynish, Unit Leader, PartyLite

"Trabalhei pessoalmente com Dan e participei de seus excelentes seminários sobre LinkedIn. Dan se sobressai ao permanecer no topo das novas tecnologias e é um grande professor e consultor em diversas áreas, incluindo marketing de mídia social e, especialmente, LinkedIn. Eu recomendo Dan."

– Tony Rockliff, CEO, BestInternetMarketingSecrets.org

"Assisti ao seminário de LinkedIn de Dan Sherman e mal posso esperar para colocar em prática tudo que aprendi. Ele é extremamente instruído e competente no mundo das mídias sociais – tanto que eu gostaria muito de continuar aprendendo com ele. Certamente participarei dos futuros cursos de LinkedIn de Dan e realmente os recomendaria."

– Lisa Keeling, consultora de negócios, XL411.com

"Participei de uma aula de LinkedIn de Dan Sherman e considerei as informações dadas muito estimulantes; tanto que não vejo a hora de começar a fazer conexões e criar um perfil, tudo para aumentar meu negócio, minhas vendas e meu resultado final. Recomendo o aprendizado com Dan."

– Don Fisher, consultor de negócios de multimídia

"Achei que o LinkedIn só dizia respeito a empregos e currículos, e isso era tudo. Antes de fazer o treinamento de Dan, não tinha ideia alguma do que ele poderia fazer para o meu negócio, não apenas em relação ao marketing online, mas também para minha comunidade de lojas de roupas no atacado, fabricantes e entusiastas da dança zumba. Descobri uma série de maneiras de encontrar grupos e empresas, e como comercializar o meu produto. Aprendi muito com Dan."

– Vijay Harkishnani, empreendedor e instrutor de zumba

"O conhecimento e as competências de Dan sobre LinkedIn e mídia social são excepcionais. Percebi que ele consegue resultados rapidamente e transmite seu conhecimento com simplicidade, o que é uma qualidade rara e significativa. Recomendo Dan para qualquer empresário ou empreendedor precisando trabalhar com um profissional que possa ajudá-los a adquirir um volume alto e contínuo de tráfego na internet."

– Joe Yazbeck, presidente, Prestige Leader Development

"Eu participei recentemente de um dos seminários sobre LinkedIn de Dan e fiquei realmente impressionado com as informações perspicazes que ele compartilhou conosco. Percebi que não usava o potencial máximo do LinkedIn para uma exposição eficaz, não apenas no site do LinkedIn. Implementei imediatamente as mudanças no meu perfil e recomendaria que todos fizessem o mesmo. Se está no negócio de construir conexões e ser encontrado, você não perceberá o potencial completo dessa mídia social até ler o livro de Dan. Obrigado de novo, Dan!."

– Rae Catanese, blogueiro e corretor de imóveis

"Meu marido e eu tivemos o prazer de participar de um seminário de Dan em Sarasota, neste fim de semana que passou. Dan realmente nos impactou com o valor do LinkedIn e nos mostrou como maximizar nossas contas no site para gerar negócios e clientes. Dan é um especialista e conhece o LinkedIn como ninguém. Recomendo a qualquer empresário ter aulas com ele e aprender sobre o LinkedIn. Eu iria tão longe a ponto de dizer que isto poderia ser a diferença entre a sobrevivência e o sucesso do seu negócio. Obrigada, Dan!"

– Julie Larson, web designer e profissional de marketing na internet

"Participei das palestras de Dan diversas vezes a respeito do LinkedIn e fiquei verdadeiramente impressionada com seu conhecimento e sua capacidade de compartilhá-lo com iniciantes como eu. É impressionante seu preparo a respeito do LinkedIn. Dan é um ativo para qualquer negócio, grande ou pequeno, que precisa ter uma presença no marketing social. Eu diria: contrate-o hoje."

– Jan Stammer, proprietária, Circle of Independence

"Dan é o especialista em LinkedIn que explicou o processo e a organização deste site de maneira clara e concisa. Estou muito animada em participar do LinkedIn agora. Coloque o seu negócio para funcionar efetivamente e com boas conexões. Contrate Dan, o especialista em LinkedIn, para fazer mais negócios. Obrigada, Dan!"

– Susan Higley, RDH, LMT

"Terminei há pouco um treinamento de Dan Sherman sobre o LinkedIn. Aprendi como poupar milhares de dólares em consultoria por ano, e esse é apenas um dos benefícios que consegui com o LinkedIn. Recomendo o treinamento de Dan."

– Jim Thornton, fundadora, Leadership for Continuous Improvement

"Tive o prazer de conhecer Dan através de um dos seus excelentes webinários sobre o uso eficiente do LinkedIn para a divulgação de marca profissional. O treinamento online de Dan foi de grande valor e cheio de novos aprendizados, sugestões e técnicas mesmo para usuários avançados do LinkedIn. Espero assistir a outros webinários de Dan e realmente recomendo que as pessoas participem deles."

– A. Albeshelani, gerente, gerente de produção, Nuance Communications

"Obrigado, Dan, pelo excelente treinamento online e pelo bom uso do meu tempo. O seu treinamento bem organizado do LinkedIn foi informativo, interativo e, melhor ainda, me chamou a atenção para vários aspectos sutis da funcionalidade do LinkedIn. Recomendo a qualquer usuário do LinkedIn ler a obra de Dan. Que recurso maravilhoso, uma vez que você passar a conhecer suas ferramentas ocultas."

– Ken James, tecnólogo em televisão

"Eu apreciei o brilhante treinamento online de Dan sobre o LinkedIn. Uso o LinkedIn todos os dias e achei que sabia tudo a respeito. Dan passa rapidamente pelo que não vale a pena e vai direto ao ponto, proporcionando a munição necessária para 'turbinar' os perfis."

– Kamlesh Darji, Life Optimization Coach

"Quando precisamos de um especialista em LinkedIn para contribuir com o nosso blogue de marketing internacionalmente lido, procuramos um dos melhores no mercado, Dan Sherman. Ele é agora o nosso especialista de plantão sobre todos os assuntos relacionados ao LinkedIn, incluindo como usar o site para desenvolver o negócio e criar uma marca mundial. A resposta das postagens de Dan tem sido fantástica, à medida que nossos leitores realmente apreciam seus conselhos práticos e fáceis de serem implementados. Obrigado, Dan, por ajudar nossos clientes a tornarem-se super-estrelas do LinkedIn!"

– Lauren Johnson, gerente de marketing

"Tive bastante sorte em contratar Dan para palestrar na organização que administro, chamada *Tampa Bay Computer Society* sobre o uso do LinkedIn para desenvolver negócios, e ele foi sensacional. As estratégias que nos ensinou ajudará a conquistar mais clientes e mais vendas em curto período de tempo. Dan é especialista em LinkedIn, e a sua capacidade de explicá-lo de maneira que todos se beneficiem é fantástica; tanto profissionais veteranos na internet quando iniciantes ficaram realmente impressionados e agradecidos. Recomendo Dan como um treinador de LinkedIn para qualquer empresa ou organização que procura criar um rápido sucesso empresarial."

– Dave Dockery, fundador, Tampa Bay Computer Society

"Participei de dois treinamentos de LinkedIn de Dan Sherman e espero participar de mais. Ele me ensinou muita coisa sobre como alcançar minhas metas usando o LinkedIn. Dan é um especialista em LinkedIn que sabe explicar o site em detalhes claros, de maneira que qualquer um possa colocar na prática imediatamente os seus conselhos e expandir a sua presença."

– David Mitchell Blood, Green Entrepreneur

"Dan não é somente um especialista em LinkedIn, mas também um treinador extremamente empolgante. Fiz seu treinamento online (*10 Ways to Find Your Perfect Job on LinkedIn*) várias vezes e planejo fazê-lo de novo. Sim, é tão bom assim. Obrigado pelo trabalho que você fez, Dan. Ele me ajuda a fazer o meu trabalho melhor."

– Christine Osborne, Encore Navigator

"Tive o prazer recentemente de trabalhar com Dan para moderar seu treinamento online. Concordo que Dan Sherman é um especialista em LinkedIn, e o treinamento que ele liderou foi muito bem recebido. A abordagem de Dan para o LinkedIn Training é clara, concisa e ele é muito genuíno e sincero a respeito de ajudar cada indivíduo a maximizar o poder do LinkedIn. O seu trabalho justifica a participação do público, à medida que ele provou-se ser o especialista em LinkedIn que eu estava procurando. Recomendo seus ensinamentos especiais."

– Mark Lynch, diretor sênior de desenvolvimento de negócios, ILostMyJob.com

"Dan Sherman é um grande mestre sobre como usar o LinkedIn. Estou muito animado com o meu perfil. Dan me ensinou como acrescentar cartas de recomendação que existiam somente como cópias impressas e, mais importante, como conectar-me às pessoas. Passaram-se apenas duas semanas desde nossa primeira sessão, e eu tenho duas entrevistas. É isso que eu chamo de sucesso, e é tudo devido à capacidade de ensino de Dan. Obrigado de novo, Dan."

– Theresa Kuhn, assistente executiva

"Dan é a verdadeira definição de um especialista em LinkedIn. Ele foi capaz de responder todas as questões que eu tinha. Além disso, foi paciente e compreensivo quanto as minhas necessidades. Gostei de trabalhar com ele e ficaria feliz em recomendá-lo para quem quer que esteja procurando ajuda com sua carreira."

– John Micchelli, profissional de vendas

"Tive o previlégio de participar sobre um webinário de LinkedIn oferecido por Dan. Suas reflexões me levaram a atualizar meu próprio perfil, e pareço ter mais respostas agora. O webinário de Dan também me levou a modificar a elaboração de uma aula de competências no LinkedIn que eu atuaria como facilitador em um de meus grupos de networking no dia seguinte. Encontrei Dan e seu conhecimento na hora certa!"

– Wolfgang Koch, especialista em carreiras no setor de serviços

Nota do Autor

Qualquer um com familiaridade mínima com a internet sabe ser este um espaço para trabalhar e se divertir que está constantemente se desenvolvendo e rapidamente se inovando. Novos desenvolvimentos em tecnologia e mudanças em sites acontecem a cada minuto. É isso que torna a internet tão empolgante. Neste livro, compartilhei com o leitor todas as informações mais recentes disponíveis sobre o LinkedIn que eram atuais até o livro ir para a gráfica. À medida que as mudanças inevitáveis ocorrerem no site, fornecerei atualizações regulares para o livro através do site (em inglês) a seguir:

www.mhprofessional.com/sherman

DAN SHERMAN

OBTENDO O MÁXIMO DO Linkedin

Domine seu Mercado, Crie uma Marca Pessoal, e Construa a Carreira de seus Sonhos

M.BOOKS

M.Books do Brasil Editora Ltda.

Rua Jorge Americano, 61 - Alto da Lapa
05083-130 - São Paulo - SP - Telefones: (11) 3645-0409/(11) 3645-0410
Fax: (11) 3832-0335 - e-mail: vendas@mbooks.com.br
www.mbooks.com.br

Dados de Catalogação na Publicação

Sherman, Dan
Obtendo o Máximo do LinkedIn/ Dan Sherman.
São Paulo – 2014 – M.Books do Brasil Editora Ltda.

1. Networking 2. Recurso Humanos 3. Redes Sociais

ISBN: 978-85-7680-238-9

Do original: Maximum Success with LinkedIn
Publicado originalmente em inglês pela McGraw-Hill Companies.

Editor: Milton Mira de Assumpção Filho

Tradução: Jorge Ritter

Produção Editorial: Lucimara Leal

Coordenação Gráfica: Silas Camargo

Editoração: Crontec

2014
M.Books do Brasil Editora Ltda.

Sumário

Apresentação

As pessoas estão cada vez mais interconectadas. A tecnologia, a internet e a mobilidade permitiram que chegássemos a um momento talvez jamais imaginado pelas pessoas. Neste ponto a tecnologia permitiu, por meio de sites e softwares, que a comunicação entre as pessoas ficasse cada vez mais fácil. O LinkedIn é um exemplo deste cenário. Como principal ferramenta de interconexão de pessoas no mundo corporativo, o LinkedIn já conquistou, somente no Brasil, mais de 15 milhões de usuários. Já somos a terceira base de usuários, atrás apenas dos EUA e da Índia. O número de usuários brasileiros apresentou crescimento acelerado a partir de 2010, quando o site foi totalmente traduzido para a língua portuguesa.

Utilizado para as mais diversas conexões, seja ela de recrutamento e seleção de executivos, ou para conectar pessoas para desenvolvimento de negócios, a sua utilização tem sido crescente, tornando a ferramenta vital para o desenvolvimento interpessoal no ambiente corporativo. As ferramentas de redes sociais têm permitido que empresas e pessoas troquem informações relevantes para o sucesso em seu negócio, seja por meio da identificação de contatos e responsáveis de cada área, seja pelo conhecimento da estrutura hierárquica de tomada de decisão, bem como pela troca de experiências e insights relacionados a melhores práticas de cada setor. O LinkedIn tem tido papel fundamental neste contexto. A obra de Dan Sherman, que tenho o prazer de apresentar ao público brasileiro, permite conhecer e explorar todos os recursos disponibilizados pelo LinkedIn para interconexão de pessoas.

Por meio de uma linguagem fácil e acessível, trazida da experiência de Sherman em seus cursos e consultoria, esta obra permitirá a você explorar os recursos do LinkedIn específicos para seu negócio, ou seja, será possível selecionar recursos importantes para seu desenvolvimento, dentre o vasto mundo de possibilidades que a ferramenta oferece. O que mais me surpreendeu no livro foi a facilidade que ele proporciona para nossa evolução de conhecimento. Você poderá passar de iniciante a especialista em um curto espaço de tempo e descobrirá como o LinkedIn poderá auxiliá-lo na interconexão com o mundo de negócios, conectando-o a pessoas, conhecimento e permitindo que você troque experiências com os tomadores de decisão e influenciadores de seu segmento de atuação.

Sem sombra de dúvida, o guia de Sherman é indispensável para aproveitar todos os recursos desta ferramenta poderosa de redes sociais.

Boa leitura e bons negócios a todos!

PEDRO LUIZ ROCCATO
CEO e presidente do Grupo Direct Channel, presidente do Conselho de Canais de Vendas e Distribuição do Brasil e autor de livros sobre temas como canais e vendas e valor agregado.

Prefácio

Estou entusiasmado com o LinkedIn. Realmente acredito no seu potencial para descobrir oportunidades encobertas para todo trabalhador. Quem reserva um tempo para explorar o LinkedIn pode encontrar oportunidades para aprimorar seu negócio, ganhar publicidade mundo afora, construir a carreira perfeita, desenvolver um network com parceiros de referência, encontrar mentores que levarão sua carreira para o próximo nível, localizar investidores para suas ideias e muito mais.

Converso sobre o LinkedIn com todas as pessoas que encontro, e muitas vezes ouço frases como: "Bem, eu tenho um perfil, mas não fiz muita coisa com ele" ou "Recebi alguns convites, mas nunca entrei... não entendi do que se tratava".

O porquê de as pessoas terem evitado usar o LinkedIn é compreensível por três razões. Uma, nossas restrições de tempo limitam a quantidade de conhecimento que podemos buscar, e a não ser que as pessoas vejam claramente os benefícios do LinkedIn, elas não se envolverão com ele. Dois, tendo em vista que o LinkedIn é uma "rede social", empresários podem desconsiderá-lo como uma perda de tempo, apenas mais um lugar para jogar e bater papo sobre amenidades e programas de TV. Três, o LinkedIn é considerado um site para colocar currículo e procurar por emprego.

Escrevi este livro para convencê-lo de que, embora o LinkedIn seja uma rede social e seja excelente para encontrar um emprego, na realidade, é um site de networking profissional poderoso e com múltiplas finalidades, no qual se pode realizar todas as metas de negócio. Gostaria que todos os empresários parassem por um momento, entrassem no LinkedIn, e começassem a fazer as conexões que levarão suas carreiras – e suas vidas – para o nível seguinte.

Após ler este livro, você saberá tudo o que precisa para obter o máximo do LinkedIn, e então é sua responsabilidade colocar o maior site de networking profissional no planeta para funcionar a seu favor. Espero que ache esse livro inspirador e educativo, e coloque essas técnicas para funcionar agora mesmo.

Como com qualquer recurso baseado na Internet, o LinkedIn evolui constantemente. Sem dúvida haverá mudanças no site e suspeito que outros tópicos excelentes serão acrescentados com o passar do tempo. É por isso que recomendo visitar o meu site, www.LinkedSuccess.com, no qual encontrará informações sobre atualizações para o LinkedIn. Cursos de treinamento online, artigos para baixar, e outros recursos para ajudá-lo a usar o site para alcançar todas suas metas.

Por fim, eu gostaria de agradecer a Anton Graphics, Inc., por sua ajuda em criar as imagens para o interior do livro (www.anton-graphics.com).

Ao seu sucesso no LinkedIn!

Dan Sherman

Introdução: Amor ao Primeiro Clique

Meu envolvimento com o LinkedIn começou devido a um vício. É um vício que admito livremente, não tenho vergonha dele e não quero curá-lo. Na realidade, gosto deste vício: eu sou um leitor.

Eu adoro ler. Ficção, não-ficção, o que quer que venha a cair em minhas mãos. Para mim, bibliotecas são como templos cheios do conhecimento e do entretenimento mais incríveis logo ali para meu deleite – e elas são de graça! Minha biblioteca é um dos meus lugares favoritos. Você me encontrará na maioria dos finais de semana saindo carregado da minha biblioteca local com os braços cheios de livros.

Eu também adorava ler quando era adolescente, e quando entrei na faculdade, me formei em inglês, o que significou poder me dedicar ao meu vício por quatro sólidos anos, lendo a melhor literatura que o mundo produziu. Lendo e escrevendo trabalhos sobre o que eu lia... Esta era realmente uma vida e tanto. Talvez tenha sido esta a razão porque me formei com láureas, apesar de minha formação secundária ter sido em gamão, e pelo visto ter passado uma quantidade de tempo desmedida participando desse jogo viciante.

Hoje em dia gosto de ler todos os tipos de livros. Gosto de ficção – sou fã de Clive Cussler e Michael Crichton – mas tendo a gravitar para livros de negócios. Devorei tudo que Richard Branson, o arrojado CEO da Virgin (e uma das minhas conexões de primeiro nível no LinkedIn), colocou no papel. Li livros sobre a criação da Starbucks, Apple, McDonald's, The Republic of Tea, e outras histórias de sucesso corporativo. Devorei os livros motivacionais escritos por Tony Robbins, Brian Tracy, Jack Canfield e Joe Vitale. Qualquer coisa que me inspirasse e ajudasse a crescer profissionalmente esteve na minha lista de leitura.

Meu amor pela leitura também se estende às revistas e, até onde consiga me lembrar, assinei e li fielmente seis revistas: *Forbes, Fortune, Inc., Fast Company, Entrepreneur* e *Wired*. Todos os meses, as li de capa a capa, e sempre encontrei algo de valor para acrescentar à minha educação de negócios. Meus arquivos estão abarrotados de artigos tirados dessas revistas sobre novas tendências, produtos, sites ou empresas que preciso pesquisar.

E assim aconteceu naquele dia fatídico em 2007 quando a última cópia da *Inc.* pousou na minha caixa do correio. Eu a abri ansiosamente esperando ler mais uma história fantástica de um empreendedor apostando alto, vivendo o seu sonho ou começando a próxima Apple ou Microsoft. Não fiquei desapontado, pois naquela edição havia uma história sobre um site criado há quatro anos que estava tomando de assalto o mundo dos negócios, um site que estava conectando os profissionais do mundo todo em um gigantesco banco de dados de networking online.

O site era chamado LinkedIn. Eu li cada palavra daquele artigo e senti um estranho formigamento no meu corpo. Não, não era o início de um resfriado. Era a percepção de ter encontrado o que eu havia esperado minha vida profissional inteira. Imediatamente, saltei para o meu notebook, abri uma conta, preenchi um perfil e comecei a convidar amigos e a criar grupos. Do primeiro dia em diante, tornei-me um fanático e nunca mais olhei para trás.

Bancos de Dados da Internet Estão no Meu Sangue

Acho que a razão por que eu tinha grande afinidade com o LinkedIn era que eu não estranhava bancos de dados na internet que ajudam pessoas a criar conexões para impulsionar suas carreiras. Na realidade, costumava vendê-los.

Durante os anos de *boom* da bolha da internet (o final dos anos de 1990 e início dos 2000), fui diretor de marketing de duas empresas no Vale do Silício: Personic e BrassRing Systems. Em ambas vendíamos softwares de rastreamento de candidatos para departamentos de recursos humanos de grandes empresas, em uma categoria então chamada ASP, *Application Service Provider*. Vendíamos um serviço de hospedagem, isto é, o software ficava em computadores nas nossas instalações enquanto o usuário final - um profissional dos recursos humanos - simplesmente se conectava e utilizava o programa para encontrar os melhores candidatos para as posições abertas. Hoje em dia esse tipo de software é conhecido por nomes novos, incluindo SaaS (*software as a service*) e computação em nuvem.

Como sempre acreditei com convicção na ideia e fui o maior incentivador em duas empresas que vendiam bancos de dados hospedados no setor de recrutamento, o conceito do LinkedIn era óbvio: você se conecta e lá estão todos os seus contatos. Nada de confusão ou complicação, nenhum software para ser instalado, depurado ou mantido.

De lá para cá, tornei-me um treinador de mídia social, que ensina a empresários como aproveitar ao máximo o LinkedIn, um site de mídia social elogiado pela Nielsen Online, por ter "o maior público do mundo, de profissionais afluentes e influentes". Para mim, pessoalmente, o LinkedIn trouxe muitas recompensas:

- Tenho uma rede de 23 milhões de empresários para quem posso fazer perguntas e conseguir conselhos.
- Recebo ofertas de consultoria e pedidos da mídia regularmente devido à minha presença diária no site.
- Construí uma marca pessoal como um especialista em mídia social através de minhas interações no LinkedIn e com meus grupos.
- Recebo pedidos de treinamento de grupos e empresas que gostariam de aprender como usar o LinkedIn.

Resumindo, com este site incrível crio o tipo de vida que sempre quis. E agora quero mostrar como usar o LinkedIn de modo eficaz, pois ele é verdadeiramente um mecanismo de "manifestação" extraordinário. O que quer que você precise, encontrará no LinkedIn.

Como Construir um Iate

Adoro livros de pensamento positivo, como *O Segredo,* de Rhonda Byrne; *A Lei da Atração,* de Esther e Jerry Hicks; e *The Attractor Factor,* de Joe Vitale. Acredito que atraímos para nós mesmo aquilo que pensamos. E para mim, o LinkedIn é um gerador de sonhos, realizados na vida real, e que lhe proporcionará qualquer coisa que queira criar.

Deixe-me compartilhar um exemplo. Uma grande amiga vive na minha cidade natal de Tampa, Flórida, e ela adora passear de barco. Bem, Tampa é a cidade para quem ama barcos; todos os finais de semana as pessoas pegam os seus barcos e saem a velejar nas águas cristalinas do Golfo do México, mas minha amiga não tinha um barco, tampouco nenhum dos seus amigos.

Mas ela está no LinkedIn, adora o site, e é eficiente no seu uso. Ela havia começado um grupo no LinkedIn para usuários avançados em Tampa que também adoravam o assunto e se dedicavam a construir grandes redes pessoais no site. Um dia ela decidiu promover uma festa para seu grupo, e a festa deveria ser em um iate. Não um iate pequeno, mas algo grandioso.

Então ela entrou no LinkedIn e fez uma investigação na Pesquisa Avançada por Pessoas. Ela usou a palavra-chave *iate,* digitou o código postal de Tampa, e clicou em *Submeter.* Os resultados trouxeram três corretores de iates na sua rede. Ela procurou os corretores e falou sobre o seu grupo (do qual sou integrante), como eles eram tomadores de decisões influentes, promotores, agitadores e por aí afora, e mostrou como os corretores de iates se beneficiariam alinhando o seu negócio com seu grupo de usuários avançados de LinkedIn.

Outro corretor de iates gostou da ideia, e então se encontraram pessoalmente. Foi assim que a primeira festa para seu grupo de LinkedIn ocorreu em um iate de 50 pés no Golfo. O corretor foi o anfitrião da festa, e pôde exibir um de seus iates à venda enquanto minha amiga retornava o favor divulgando a empresa do corretor e todos os maravilhosos palácios de prazer flutuantes que ele tinha à venda através do LinkedIn e outros sites de mídia social.

Esta é apenas uma história de muitas. Existem tantas pessoas que estão encontrando empregos, parceiros, investidores, mentores, funcionários... mesmo iates... no LinkedIn. Então, vamos seguir em frente, e mostrarei como você também pode encontrar o que quiser e alcançar todas as suas metas no LinkedIn.

Capítulo 1: Mídia Social Não é o Marketing da Época do Seu Pai

Antes de irmos direto ao LinkedIn, é importante que estabeleçamos algumas regras básicas sobre fazer marketing de si mesmo nas mídias sociais. Isso vai ajudá-lo a abordar o LinkedIn da maneira certa para conseguir os melhores resultados. Quero ajudá-lo a evitar ser "aquele cara"... a pessoa que é rejeitada em eventos de networking porque logo que aparece imediatamente começa a distribuir seus cartões de visita como se estivesse jogando pôquer em Las Vegas. É preciso abordar o marketing na mídia social com elegância e comedimento.

Vamos começar do princípio: trabalho com marketing a mais de 20 anos, no Vale do Silício, como mencionei, e também para grandes corporações como a Charles Schwab. Atuo no mercado da propaganda desde que me formei na Tufts University nos subúrbios de Boston, quando me graduei em Inglês e consegui um emprego em uma agência de propaganda como redator.

As mudanças que a mídia social trouxe para o mundo da propaganda e do marketing foram nada menos do que sísmicas. Os profissionais de marketing não são mais reféns de TV, rádio e jornais para apresentar seus produtos ao mundo. Com o apertar de um botão e o clique de um mouse, qualquer um pode enviar uma mensagem de marketing através de um vídeo, tuíte, atualização, postagem no blogue, e mais para todo o mundo em um instante.

Resumindo, o marketing foi revolucionado. O que isto tem a ver com você? Bem, você está "vendendo" um produto que é você mesmo. Você observará no LinkedIn que o site gira fundamentalmente em torno de pessoas, não empresas (há uma seção para construir o perfil de empresa, que examinaremos mais tarde). À medida que faz seu próprio marketing em sites de mídia social, como o LinkedIn, você precisa prestar atenção às novas regras, porque o marketing hoje em dia é um bravo mundo novo.

Costumávamos ter o marketing tradicional, ou de interrupção, no qual os profissionais de marketing entrariam no meio do seu jogo de futebol e empurrariam sobre você algum produto. (Isto ainda acontece, mas a tecnologia inventou tantas maneiras, como a TiVo, para evitá-lo). Agora temos o marketing de mídia social, que é na essência uma conversa. Especificamente no LinkedIn, o marketing de mídia social é um diálogo com as pessoas que queremos influenciar para, entre outras coisas:

- Contratar-nos
- Trabalhar para nós
- Investir em nossa empresa
- Ser o nosso mentor
- Fazer uma parceria conosco

Então é preciso pensar em uma venda suave, não agressiva. Você pode comparar o marketing em sites de mídia social, como o LinkedIn, com um churrasco de amigos. Ora, ninguém aborda um estranho em um churrasco e diz: "Olá, quer comprar um seguro?". Percebe o que eu estou dizendo? A função da mídia social é engajar as pessoas em conversas, fazer com que elas se interessem por você primeiro, e então como um próximo passo ver se há algum ponto em comum para fazer negócios.

Honestidade É Tudo

Essencialmente, visitar um portal de mídia social é como participar de uma festa onde você deixa que as pessoas o conheçam e então as convida para saber mais a seu respeito, visitando o seu site ou blogue, onde há mais informações sobre como ajudá-las. Fazer marketing em sites de mídia social como o LinkedIn significa ser real, autêntico e honesto. As pessoas compram de quem elas conhecem, gostam e confiam, e na mídia social as pessoas têm a oportunidade de conhecê-lo e de decidir se você é alguém com quem precisam fazer negócios.

O velho ditado (atribuído a muitas pessoas, incluindo Zig Ziglar, o vovô do treinamento de vendas) diz "as pessoas não se importam com quanto você sabe, até que elas saibam quanto você se importa". Com o marketing de mídia social, você mostra que se preocupa com as pessoas estando interessado nelas, fazendo perguntas e oferecendo ajuda. Então, é possível avançar para criar uma relação de negócios.

Felizmente, o LinkedIn oferece muitas maneiras para criar situações em que as pessoas podem conhecer, gostar e confiar em você. É um grande lugar para tornar-se um recurso valioso para as pessoas, expressando a sua especialidade através de grupos de discussão, da ferramenta de respostas, e apresentando o seu conhecimento em vídeos, postagens no blogue, PowerPoint, PDFs, apresentações, e muito mais que você acrescenta ao seu perfil usando os aplicativos gratuitos do LinkedIn.

A mídia social é um meio que "atrai", ao contrário de um meio que "afasta". As ferramentas poderosas do LinkedIn servem para mostrar aos profissionais mundo afora a sua especialidade e atraí-los para sua esfera. Não é necessário dizer que o LinkedIn não é o lugar para spam ou embuste que às vezes é associado com um determinado elemento trapaceiro encontrado no mundo de marketing da Internet (por exemplo, gente que faz com que você clique em um link supostamente para levá-lo a um site bacana que em vez disso leva a uma propaganda de remédio para impotência sexual). O LinkedIn é um lugar para construir a sua marca como um especialista e ter as pessoas batendo na sua porta... e o mais incrível é que ele é de graça! Sim, existem contas *premium*, que abordaremos, mas eu diria que 90% do mundo pode alcançar as suas metas com a conta básica gratuita.

Tirando do caminho aquelas cláusulas de limitação de responsabilidade sobre o marketing em mídias sociais (seja gentil, jogue limpo, não seja insistente – não muito, está bem?), examinemos mais de perto o seu próprio marketing no LinkedIn.

LinkedIn: o seu Banco de Dados Pessoal Mundial

Existem vários sites de mídia social, mas nenhum trará o impacto imediato que o LinkedIn em sua carreira profissional. Você pode jogar Farmville e Mafia Wars no Facebook ou assistir Lady Gaga e vídeos de gatinhos no YouTube, mas é no LinkedIn que alcançará um tremendo sucesso, e é por isso que ele está crescendo a um ritmo incrível. O LinkedIn tem 175 milhões de integrantes no momento e cresce rápido ao receber dois usuários por segundo.

A melhor coisa a respeito do LinkedIn é a presença dos usuários mais prósperos e melhor conectados de qualquer site de mídia social. Executivos de todas as empresas Fortune 500 estão registrados no LinkedIn, e 66% dos integrantes do LinkedIn são tomadores de decisões ou têm influência nas decisões de compra para suas empresas. O LinkedIn detém o recorde para a renda média por domicílio mais alta sobre todos os outros sites de networking, com mais de US$ 109.000 por integrante.

Embora seja possível plantar safras imaginárias ou piscar o olho para parceiros em potencial em outros sites, o LinkedIn trata de negócios. Não há distrações. Nele, os profissionais estão focados em somente uma coisa: networking para criar sucesso para si e para seus negócios. O LinkedIn não é mais segredo; com sua oferta pública inicial em 2011 avaliando-o em mais de US$ 6 bilhões, o mundo todo o conhece agora. Em 2011, até o presidente dos Estados Unidos aderiu ao fenômeno LinkedIn, realizando uma assembleia online para falar sobre suas propostas econômicas.

Quem Está Fazendo Sucesso com o LinkedIn?

O LinkedIn ajuda toda sorte de profissionais. Embora muitas pessoas em um primeiro momento o consideraram um site para procurar empregos, ele é muito mais do que isso. A gama de pessoas que o site ajuda é bastante ampla:

- Consultores que querem conectar-se com clientes em potencial e incrementar sua imagem de marca como especialistas.
- Profissionais de marketing criando consciência a respeito dos lançamentos de seus produtos novos ou ofertas de serviços.
- Profissionais de vendas que fazem pesquisa sobre clientes potenciais, descobrindo interesses pessoais, escolas que frequentaram, e quem eles poderiam conhecer em comum em um esforço para criar uma relação mais próxima.
- Caçadores de emprego expandindo seus círculos de contatos profissionais para ampliar as chances de encontrar o emprego perfeito e manter-se como primeira opção para os empregadores em potencial.

- Pequenos negócios mantendo-se à frente dos clientes e indo atrás de clientes potenciais.
- Empreendedores buscando financiamento e que estão recebendo a atenção de investidores em suas ideias.
- Recrutadores procurando encontrar os profissionais para suas empresas e os escolhendo no maior *pool* de talentos do mundo.

Basicamente, qualquer pessoa no mercado pode receber um impulso a partir das capacidades de networking globais do LinkedIn. Digo para meus clientes de consultoria sem rodeios: se você não está no LinkedIn, não está no mercado.

O LinkedIn oferece a plataforma para alcançar todas as metas de negócios, incluindo:

- Gerar mais tráfego para seus sites.
- Conseguir atenção da mídia.
- Promover seus eventos.
- Encontrar o trabalho perfeito.
- Interagir com profissionais do mundo todo que você nunca teria sido capaz de contatar antes.
- Obter conselhos de graça dos melhores consultores sobre questões de negócios urgentes.

Compreendendo os Níveis do LinkedIn

Qualquer discussão sobre como alavancar o LinkedIn deve começar com sua estrutura como um todo. As suas conexões no LinkedIn são compostas das pessoas convidadas para aderir à sua rede e, por graus, todas as pessoas nas redes daqueles diretamente ligados a você. Digamos que você convida Susan, sua colega de trabalho, para sua rede. Ela torna-se sua conexão de primeiro grau. Você e Susan podem ter outras conexões de primeiro grau em comum, tendo em vista que talvez ambos tenham convidado outros colegas para suas redes.

Agora Susan está na sua rede como uma conexão de primeiro nível, e todas as conexões de primeiro nível podem ser conectadas com uma mensagem gratuita e direta. As suas conexões de segundo nível incluem todas as pessoas que têm conexões de primeiro nível com Susan. Por exemplo, se Susan trabalhou com John em outra empresa e eles são conexões de primeiro nível, agora John é sua conexão de segundo nível. Você pode pedir a Susan que o apresente a John, e enviar um convite a John para conectar-se a você; se aceitar, ele se tornará sua conexão de primeiro nível.

Digamos que você ainda não convidou John para sua rede. Susan é uma conexão de primeiro nível; John é uma conexão de segundo nível. As suas conexões de terceiro nível são todas as conexões de primeiro nível de John, sua conexão de segundo nível. Digamos que você queira conhecer Marcos, que é uma conexão de terceiro nível e está conectado em primeiro nível a John. O processo é enviar um pedido de apresentação a John através de Susan, para conhecer a conexão de John, Marcos. Você cria uma mensagem pedindo a Susan para mandá-la para John para enviá-la para Marcos. Na maioria dos casos, a sua conexão de primeiro nível, Susan, passará adiante com satisfação o pedido de apresentação para John e Marcos.

Por que isso? Fundamentalmente porque o LinkedIn existe inteiramente para networking. As pessoas compreendem porque você está lá e na maioria das vezes passarão adiante seus pedidos. A minha experiência pessoal é a de passar adiante 100% dos pedidos de apresentação que eu recebo. Não vejo problema algum em fazê-lo porque sei que a pessoa recebendo o pedido tem todo o direito de aceitá-lo ou ignorá-lo. É realmente da conta da outra pessoa se ela quer fazer a conexão. Como você aprenderá mais tarde, há muitos métodos de comunicação disponíveis no LinkedIn para contatar outros profissionais com quem você não tem conexão de primeiro nível.

* * *

Agora você sabe as regras básicas sobre fazer o marketing de si mesmo no LinkedIn e como o site é estruturado. O céu é o limite. Esta é a sua oportunidade de usar a maior rede profissional do mundo. Começando com o próximo capítulo, mostrarei como construir sua fundação para o sucesso no LinkedIn: um perfil poderoso, acessível e focado no cliente.

Capítulo 2: Perfil LinkedIn – Seu Minisite

Criando um Perfil Poderoso

Se você é como a maioria das pessoas, já recebeu um convite para conectar-se ao LinkedIn. Se não tem uma conta ainda, simplesmente vá a www.linkedin.com e inscreva uma conta. Tudo que precisa fazer é colocar o seu nome, endereço de e-mail e criar uma senha. O LinkedIn vai lhe enviar um e-mail de confirmação, no qual você clica para confirmar que esta é realmente a sua conta de e-mail. Então se conecte ao LinkedIn usando seu endereço de e-mail e senha, e está pronto para seguir em frente.

É tentador começar a procurar contatos para fazer conexões, mas segure só um pouquinho. Você tem uma meta diferente em um primeiro momento, e esta é completar 100% do seu perfil no site. O LinkedIn tem uma ferramenta de mensuração que mostra o seu avanço na criação de um perfil completo. Do lado direito da tela, há um campo que exibe a completeza do seu perfil, e você verá que ele já está em 25% apenas por inscrever uma conta. Parabéns! O próximo passo é chegar a 100% completo, o que traz consigo muitos benefícios. Isso inclui aparecer em mais pesquisas para sua especialidade, e mostrar ao mundo que você leva seu networking no LinkedIn a sério – e as pessoas deveriam levá-lo a sério também.

Para conseguir 100%, você precisa acrescentar o seguinte:

- Um cargo atual com descrição
- Setor de atuação e código postal
- Duas posições mais
- Formação acadêmica
- Pelo menos 5 competências
- Foto do perfil
- Pelo menos 50 conexões
- Um resumo

Quando completar esses quesitos básicos, é possível acrescentar algumas conexões, mas você nunca terá terminado realmente o seu perfil. Ele é um "minisite" no LinkedIn que pode ser modificado constantemente com suas últimas conquistas e com conteúdo que o separa da multidão e demonstra seu conhecimento. É para onde todos irão uma vez que o tenham "conhecido" em outras áreas do LinkedIn, como Grupos ou Respostas, e é onde você quer impressioná-los. Então trabalhe no seu perfil todos os dias para ter certeza de que ele faz o melhor trabalho de representar você e o que pode oferecer.

Recomendo passar bastante tempo criando seu perfil para que fique fantástico. Sim, é preciso fazer networking nas várias funções do LinkedIn, mas lembre-se de que, em última análise, é no seu perfil que as pessoas que quer impressionar chegarão uma vez que você as encontre. Tendo em vista que seu perfil é tão importante, nós passaremos os próximos capítulos criando um perfil de primeira. Vamos começar com o básico.

Como Fazer o seu Perfil Arrasar

A sua base no LinkedIn é o seu perfil. É onde todas as pessoas vão ver quem você é uma vez que tenham visto suas postagens nos Grupos, nas respostas esclarecedoras ou na atualização de status onde você postou uma questão intrigante. Não confunda o seu perfil com um currículo porque ele precisa ser muito mais. Na realidade, é um minisite que precisa ser personalizado para criar uma ferramenta de marketing multidimensional para você mesmo, seja como um provedor de serviço, um pretendente a um emprego, um empreendedor buscando financiamento ou qualquer que seja o seu status atual.

Em primeiro lugar, tudo o que fizer no perfil, deve ser focado no cliente e no usuário. Ao encontrar pela primeira vez um cliente em potencial, não saia tagarelando todas suas conquistas que memorizou mecanicamente; não saia falando onde trabalhou e quão incrível você é; não saque o seu diploma.

Não, a primeira coisa a fazer é descobrir como ajudar aquele cliente, quais problemas você pode resolver, e quais resultados pode ajudá-lo a alcançar. Já que o LinkedIn é feito para realizar conexões – e para a maioria dos profissionais, isso significa clientes e parceiros de negócios – você precisa projetar o seu perfil para criar uma abordagem "focada no cliente", centrada em benefícios. O seu perfil deve responder à pergunta: "Como posso ajudar meu cliente ou parceiro potencial?". Então se concentre nos benefícios que você proporcionará e como irá proporcioná-los.

Outra coisa para se ter em mente é que nos tornamos seres humanos apressados e multiatarefados, sempre em busca de gratificação instantânea. Temos cafés, bancos, farmácias e mesmo casamentos (em Las Vegas) do tipo *drive-through*; filmes de acordo com a demanda em todo equipamento imaginável; e códigos de resposta rápida em cada item na loja de departamentos de maneira que podemos obter dados e críticas instantâneas. E quanto à leitura, somos todos *scanners*. Queremos fatos pertinentes rápido e sem muito trabalho. Queremos bocados digestíveis de informação. Preferimos ler *Dilbert* a *Guerra e Paz.*

Isso quer dizer que o perfil deve propiciar uma leitura rápida por alguém com pressa (que somos todos nós). Evite grandes blocos de texto. Vá direto ao ponto, e o seu leitor vai lhe agradecer.

Projetando o Campo de Informações Perfeito

No seu perfil, a primeira coisa que as pessoas leem é o campo grande no topo da página com um fundo ligeiramente cinza. Vamos primeiro trabalhar nisso para ter certeza de que a sua primeira impressão seja perfeita.

Use uma Fotografia Profissional

O LinkedIn é basicamente pessoas conectando-se com pessoas, e nós fazemos negócios com aquelas que conhecemos, gostamos e confiamos. Aqui você precisa de uma foto profissional do rosto, e um belo e agradável sorriso ajuda bastante a tornar o seu perfil convidativo para ler. Evite a rota conhecida que funciona bem no Facebook na qual você mostra o seu cão labrador ou seu filho de três anos querido; fique longe de fotos com duas pessoas (é bacana ter uma pessoa importante em sua vida, mas este perfil diz respeito a você); e não use um desenho animado ou qualquer coisa boba. E mesmo que os códigos de resposta rápida sejam a onda do momento, evite a tentação e mostre o seu rosto sorrindo.

Para acrescentar a foto, clique em *Perfil* > *Editar Perfil*. Clique em *Editar Foto* no espaço da foto e baixe uma foto do seu computador.

Crie um Grande Título Profissional

Quando as pessoas o encontram no LinkedIn, leem suas postagens de debate em Grupos, ou veem o que escreveu nas Respostas, aparece uma caixinha com seu nome, foto e título.

Não seja como a maioria das pessoas que tem a configuração padrão, em que o LinkedIn pega apenas o título do seu trabalho atual e torna-o seu título. Chato! Isso não dá qualquer ideia de por que se conectar ou fazer negócios com você, ou de como você pode ser útil.

Crie um título centrado nos benefícios. Mostre o que você pode fazer para ajudar as pessoas. Há duas maneiras de se fazer isso. Uma, se você tem diversas competências diferentes, listá-las como palavras, iniciando-as com letras maiúsculas, e separando-as com uma barra reta na vertical – ela parece mais limpa do que pontos ou asteriscos. (A barra é feita segurando a tecla Shift e a "\"). A seguir veja como eu fiz meu título:

Dan Sherman
LinkedIn Expert® | Social Media Trainer | Coach | Speaker | Author | Internet Marketer | 16.000+ Connections [1]

Outra possibilidade para o título profissional é a abordagem "declaração de benefícios". Coloque em uma frase como pode ajudar as pessoas, especialmente se está focado somente em uma área de conhecimento, por exemplo:

Top Designer Gráfico Faz Com que Todos
os Seus Materiais Promocionais
Atraiam os Clientes como um Imã

[1] Especialista em LinkedIn | Treinador de Mídia Social | Coach | Palestrante | Autor | Profissional de Marketing na Internet | 16.000+ Conexões. (N. T.)

Webmaster Especialista Cria Sites que Cativam, Esclarecem e Convertem seus Clientes Potenciais em Fãs Fanáticos

Se o seu mercado alvo é localizado, então faça seu título localizado também. Seja específico; pense em nicho, como:

Ajudar Pequenos Negócios em Boise a Tirar o Máximo do seu Investimento em TI
Auxiliar Compradores de Casas em Orlando a Encontrar a Casa dos seus Sonhos de Maneira Rápida e Eficiente

Pegou a ideia? Transforme-se em um redator publicitário de resposta direta ao compor seu título, e diga ao mundo quais benefícios você oferece. Uma estratégia é olhar os perfis de outros profissionais que fazem o mesmo trabalho e ver o que eles colocaram em seu título. Se vir algo fantástico, siga a dica deles. Faça o seu título conciso, empolgante e orientado por valores, para se destacar daqueles que simplesmente usam o primeiro título padrão de trabalho.

Para mudar o seu título, vá para a barra do menu superior, clique em *Perfil > Editar Perfil*, clique *Editar* junto ao seu nome, então sob Informação Básica preencha um título novo na seção Título (ver Figura 2-1).

Seção do Site

Aqui é outro lugar onde personalizar o seu perfil para torná-lo centrado nos benefícios. Liste três sites aqui, e o LinkedIn dará a escolha de nomes-padrão para os sites no menu suspenso, como "Minha empresa" ou "Meu blogue". Na parte de baixo do campo de seleção está "outro". Selecione "outro" e então insira uma espécie de declaração centrada em benefícios.

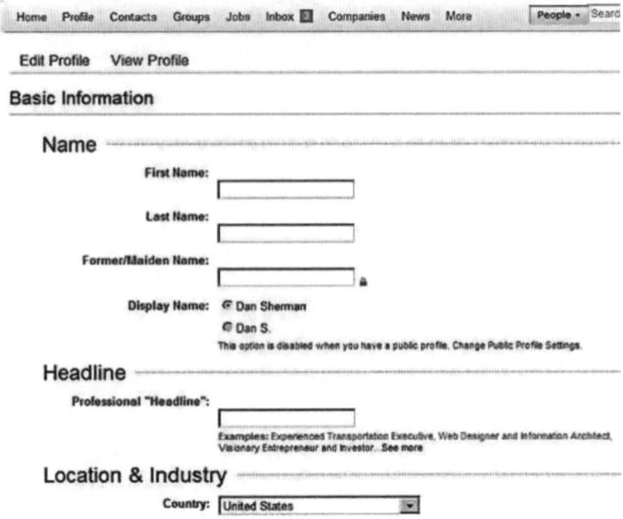

Figura 2-1. Na seção de Informação Básica, escreva um título profissional que descreve os benefícios oferecidos para quem quer fazer negócios com você.

Torne-a uma chamada à ação, oferecendo algo no nome do site que dê às pessoas uma razão para visitá-lo! Você pode usar "Baixe um relatório gratuito do mercado imobiliário", "Consiga um sistema gerador líder", ou "Veja 10 vídeos gratuitos". Ao usar algo chamativo, mais pessoas serão direcionadas para o site que quer que visitem, no qual elas podem conectar-se a você, aderir à sua lista de endereços (e entrar no seu funil de vendas), inscrever-se para uma consulta de 30 minutos gratuita – qual quer que seja o próximo passo lógico para seus clientes potenciais. Pessoas à procura de emprego podem mandar os leitores do seu perfil que clicam em um link de um site para um portfólio online ou qualquer site onde seu trabalho e especialidade estejam em exibição. Empreendedores podem direcionar investidores potenciais para um site com suas informações iniciais e metas.

A seguir, veja o que estou usando na minha seção de sites:

- Dicas de Mídia Social Gratuitas: leva os leitores para o meu site principal, no qual eles podem aprender sobre mídia social e inscrever-se para os meus seminários.
- Aprenda Estratégias de Mídia Social: leva as pessoas para meu curso online sobre marketing de mídia social, em que

elas podem comprar um curso online para estudar em casa.

- Aulas de LinkedIn na Flórida: leva você a um convite do Eventbrite (um grande site baseado na Internet para criar eventos e que arrecada o pagamento para você), no qual você pode inscrever-se para aulas de LinkedIn.

Para mudar as descrições do seu site, clique em *Perfil > Editar Perfil*. Então clique em *Editar Informação de Contato* junto à pequena imagem de cartão de Rolodex. Clique *Editar* junto a cada site; escolha *Outro* no menu pendente, e acrescente a sua chamada à ação; e lembre-se de clicar em *Salvar Mudanças* e testar os seus links! (Ver Fig. 2.2). Para testá-los, vá para *Perfil > Ver Perfil*, observe seu perfil como se fosse um visitante de primeira vez, e teste os links para ter certeza de que inseriu a URL corretamente. (Não esqueça o http. É possível copiar e colar a URL direto da barra de endereços em cima no site).

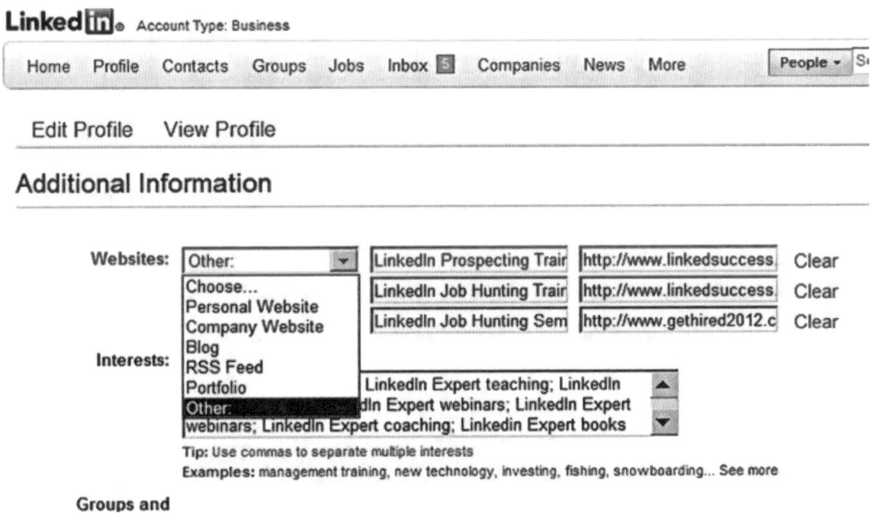

Figura 2-2. Para criar descrições interessantes para os sites listados no seu campo de informações principal, clique *Editar* junto aos sites e então na tela Editar selecione *Outro* do menu suspenso e acrescente um termo descritivo.

Twitter

Se você tem uma conta no Twitter, acrescente-a aqui sob a seção do site. Clique em *Editar* junto ao Twitter, e você terá um campo onde pode acrescentar a sua conta do Twitter e gerenciar suas configurações.

Personalize o Link de seu Perfil

Quando você se inscreve pela primeira vez para o LinkedIn e recebe o seu perfil, o link público que usará para enviar tráfego para este perfil será complicado. Ele vai dizer algo como "Linkedin.com/ins/joesmith49393". Você deve limpá-lo e torná-lo simples, mudando-o para apenas o seu primeiro nome e sobrenome. Faça isso para colocá-lo nos seus cartões de visita, na sua assinatura de e-mail, no seu site, em outras redes sociais... em qualquer lugar que queira a fim de dirigir tráfego para o seu perfil. Quando perceber quão robusto pode tornar o seu perfil, talvez decida até que não precisa de um site, pois pode dirigir todo o seu tráfego para ele.

Se o nome que você quer já está sendo usado, tente adicionar uma inicial do nome do meio ou variações diferentes do seu nome. Outra abordagem, que uso e muitas pessoas também usaram, é tornar o seu link de perfil público em uma URL de marca pessoal, uma linha breve que mostra às pessoas o que você pode fazer por elas. Exemplos seriam:

linkedin.com/in/encanadoratlanta
linkedin.com/in/jardinagem
linkedin.com/in/codificadorespecialista
linkedin.com/in/corretororlando
linkedin.com/in/linkedinspeaker (este é o que eu uso)[2]

Você não tem muitos caracteres – apenas o suficiente para ser criativo. Faça algo que possa colocar em todos os lugares.

Para mudar a sua URL de perfil público e ajustar as suas configurações de perfil público, clique em *Perfil > Editar Perfil*. Ao lado do pequeno "in" do logo do LinkedIn e sua URL existente, clique *Editar*. Isso o leva a uma página na qual é possível personalizar como o seu perfil de LinkedIn aparece quando alguém o encontra nos mecanismos de pesquisa.

---

2 linkedin.com/in/palestrantelinkedin. (N. T.)

É possível marcar e desmarcar as caixas para o que quer exibir. Do lado direito, você verá *Personalize seu perfil público*. É ali que você seleciona o que quer que o seu público veja. Tenho tudo marcado porque quero que tudo apareça, mas você pode personalizar o seu. Na parte de baixo à direita desta página, você verá *URL de perfil público*. Clique em *Personalize a URL de perfil público*. Aparecerá um campo onde você pode colocar o que quer após o "linkedin.com/in" no seu URL público, então clique em *Definir URL personalizada* (ver Figura 2-3).

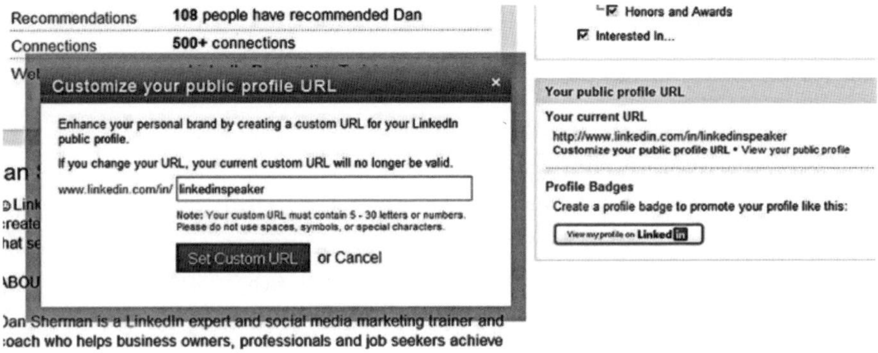

Figura 2-3. Personalize o URL de seu perfil público com seu nome ou termo de marca para criar um endereço na Internet curto e memorável para direcionar pessoas para o seu perfil de LinkedIn.

Por fim, na parte de baixo do campo de Informação, há um botão azul que diz *Visualizar perfil*, que mostra como todos veem seu perfil no LinkedIn. Do lado direito deste botão, há uma seta de menu que, ao ser clicada, revela quatro opções: *Peça por uma recomendação* leva à página onde é possível pedir recomendações das suas conexões de primeiro nível; *Criar perfil em outro idioma* permite criar um perfil em mais de 40 idiomas; *Compartilhar* dá diversas opções para compartilhar seu perfil de LinkedIn na Internet; e *Exportar para PDF* dá uma cópia do seu perfil em formato PDF.

Criando Seu Anúncio

Agora que concluímos o campo de Informação, há muito mais a fazer para tornar o seu perfil um anúncio completo para sua marca. As partes a seguir são todas referentes ao perfil que você pode personalizar. É possível então arranjá-las em qualquer ordem simplesmente passando o mouse sobre o título da seção, esperando até que apareça o retículo, um símbolo de mira, e arrastando seções para onde quiser no seu perfil.

Seu Resumo

Esta é uma das partes mais importantes do seu perfil. É o lugar para expressar para as pessoas o que há para elas caso decidam fazer uma parceria com você, contratá-lo e por aí afora. São 2.000 caracteres para mostrar porque conectar-se a você é algo inteligente a ser feito. Deixe-me mostrar meu resumo para que você veja um tipo de formato que é possível usar (ver Fig. 2-4).

SOBRE DAN SHERMAN
Dan Sherman é especialista em LinkedIn, instrutor e consultor em marketing de mídia social que ajuda empresários e profissionais a alcançar novos níveis de sucesso. Ele utiliza seus 20 anos de experiência em marketing corporativo, especialização em treinamento de vendas, seis anos no LinkedIn, e sua paixão pelo marketing para ajudar os profissionais a alcançar suas metas e objetivos com o LinkedIn.

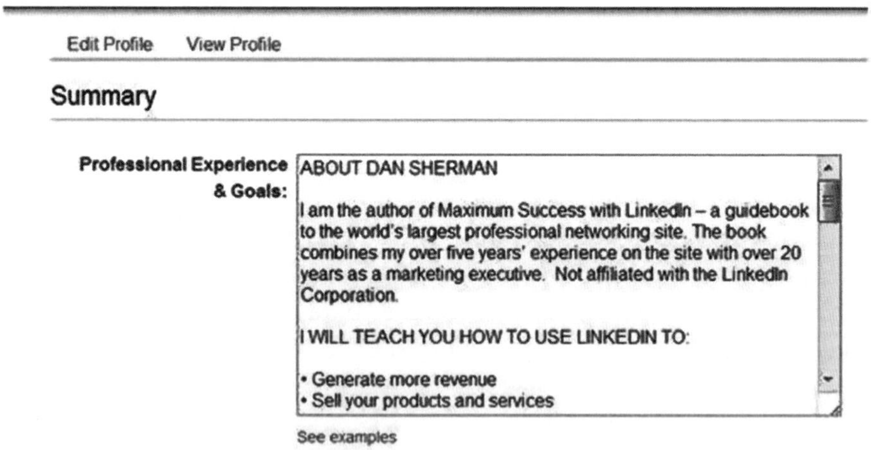

Figura 2-4. Na Página de Resumo no modo de Editar Perfil, você tem a oportunidade de fazer um anúncio empolgante, descrevendo em detalhe quem você é e que tipo de valor pode proporcionar para outros integrantes do LinkedIn.

ELE MOSTRA COMO USAR O LINKEDIN PARA:

- Gerar mais receita
- Vender seus produtos e serviços
- Gerar indicadores de negócios de qualidade ilimitada
- Encontrar os empregados e parceiros certos
- Direcionar tráfego para o seu site
- Construir suas listas de contatos e clientes potenciais
- Tornar-se um líder intelectual e especialista na sua área
- Encontrar trabalhos de consultoria, eventuais e em tempo integral

APRENDA MAIS SOBRE SEU TRABALHO AQUI:

- Leia o artigo "*Dan Sherman's Files*"
- Explore seus cursos, artigos e livros em "*Publications*"

APRENDA SOBRE LINKEDIN COM UM ESPECIALISTA:

- Seminários públicos e treinamentos online
- Consultorias individuais
- Programas de treinamento em sua empresa

CONTRATE SEUS WORKSHOPS:

- Como Obter Lucro com LinkedIn
- Marketing de Mídia Social para Ampliar seu Negócio
- Construa sua Marca Pessoal com LinkedIn
- Transforme sua Paixão em Lucros
- Estratégias de Marketing na Internet para Empreendedores
- Workshops de LinkedIn para os Níveis Iniciante, Intermediário e Avançado

FILOSOFIA DE DAN

O LinkedIn é o recurso mais poderoso para construir qualquer tipo de negócio ou carreira. Dan pode mostrar como usar o máximo suas capacidades.

Dan Sherman é um networker receptivo e aceita todos os convites no LinkedIn.

Conecte-se a mim usando:

danontheweb@live.com

Junte-se ao "*Link Success With Dan Sherman*" – meu Grupo no LinkedIn

Precisa de um palestrante para seu grupo sobre LinkedIn e marketing de mídia social? Entre em contato com o especialista em LinkedIn Dan Sherman.

As Razões para a Minha Escolha de Formato

Já que somos todos leitores sem tempo, creio que o resumo deva ser fácil de ler. Por isso escolho o formato de lista de pontos: é fácil de ler rapidamente, e é o que recomendo a você. Essencialmente, no seu resumo, diga:

1. Quem é você
2. Quem você ajuda
3. Como você pode ajudar
4. Como entrar em contato com você

Comece com algumas frases que descrevam você e resumam suas qualificações profissionais. Então use o título e o formato simples como eu fiz. Observe que me apresento, e então vou direto ao que posso fazer e como posso ajudar. Eu também destaco claramente as palestras que ofereço para quem quiser me contratar. Tudo é claro, conciso e direto, e pode ser facilmente consumido.

Também uso o resumo para alertar meus leitores sobre alguns dos aspectos de multimídia e recursos que há no meu perfil LinkedIn, no qual é possível aprender mais a meu respeito, como o meu prospecto e minha lista de publicações. Ninguém lê mentes. Se quiser que os seus clientes e parceiros potenciais conheçam o quadro completo do que você oferece, mostre onde procurar no seu perfil. Eu também anuncio um dos meus grupos de LinkedIn, onde as pessoas podem aderir e compartilhar ideias sobre como aproveitar o máximo do LinkedIn. Isso encoraja mais pessoas a aderir ao meu grupo, desse modo expandindo minha esfera de influência.

Observe que incluo algumas informações de contato muito importantes no meu resumo. Sou um *LinkedIn Open Networker*[3] (abreviado às vezes como LION), isso significa que quero expandir a minha rede ao máximo para obter a maior exposição possível, para oportunidades potenciais de consultoria, palestras, mídia, parceiros e por aí afora. Por isso, incluo a declaração de que aceito todos os convites e dou meu endereço de e-mail para facilitar conectar-me.

Networkers Receptivos *versus* Fechados

Deixe-me esclarecer: há pessoas no LinkedIn que restringem a si mesmas ao conectar-se somente com quem conhecem. Para mim, isso não funciona. Quero a maior rede possível, tendo em vista que não conheço quem conhece alguém que conhece alguém que pode me dar a próxima grande oportunidade. O LinkedIn diz para conectar-se somente com pessoas que você conhece, então se pessoas demais clicarem no botão *Denunciar Spam* quando você envia a elas um convite, isso vai penalizá-lo e colocar restrições na sua conta.

É por isso que digo às pessoas que nunca as denunciarei. Aceito convites de todos para expandir minha rede, e asseguro que aceitarei todos os convites. (Talvez 1 em 100 eu não aceite por ter um desenho bobo como foto ou um título que parece um perfil falso ou um golpe de *phishing*. Neste caso, eu apenas clico no botão *Ignorar* e sigo em frente sem clicar em *Denunciar Spam*).

Inclua sua "Chamada à Ação"

No seu resumo, lembre-se de incluir uma chamada à ação. Declare o que você pode fazer pelas pessoas; agora não as faça sair à procura de uma maneira de contatá-lo e dar-lhe dinheiro. Como diz o título do filme, *It's all about the Benjamins!*[4]. Inclua o seu número de telefone ou endereço de e-mail – como você quer ser contatado. Por exemplo, em meu perfil no LinkedIn, você verá que incluo um número de telefone. Como palestrante, quero facilitar que as pessoas liguem para mim. Faça como se sentir

[3] Networker Receptivo de LinkedIn. (N. T.)

[4] "O que importa é o dinheiro!". Referência à nota de US$ 100 que traz o rosto de Benjamim Franklin. (N. T.)

confortável, mas em todos os casos facilite para que façam negócios com você.

Promovendo Mais de um Tipo de Especialidade

E para quem tem diversos tipos de negócio? Tente uma variação do formato de resumo que sugeri, com blocos de informação que dizem respeito a cada uma das suas competências.

Por exemplo, digamos que você tenha três competências. Você é designer gráfico, construtor de sites e redator. (Ei, você é bastante talentoso – deveríamos conversar!). Recomendo que comece com uma declaração geral, como:

> **Quem sou**
> Joe Smith é um talentoso profissional de comunicações, com muitos anos de experiência ajudando proprietários de negócios a gerar mais vendas e lucros com materiais promocionais e de marca superiores.

Então você teria uma seção para cada competência, observando quem e como você ajuda as pessoas:

> **Designer Gráfico**
>
> **Quem Ajudo**
> Ajudo pequenos negócios com suas necessidades gráficas, etc.
>
> **Como trabalho**
> Posso projetar seus cartões de visita, papel timbrado, etc.

E por aí afora para cada uma das suas três competências. Você está limitado no resumo a 2.000 caracteres, então ao colocar múltiplas competências e empresas ali, elas terão de ser breves e impactantes. Se há um lugar específico onde o leitor pode aprender mais sobre cada competência, inclua uma chamada à ação com um URL apenas para aquela área específica. (Não há lugar para colocar hyperlink no resumo, mas é possível fazê-lo no resto do perfil). Faça o mesmo para cada um dos seus "blocos de competências".

Alguns pensamentos finais sobre o resumo. À medida que usar o LinkedIn, você verá resumos de perfis que não passam de pessoas se gabando de como são incríveis e do sucesso que alcançaram. Ninguém se importa, exceto suas mães. Diga o que pode fazer sem ficar se elogiando.

Segundo, ninguém espera que você tenha um dicionário da língua completo no seu cérebro. É para isso que serve o corretor. Então escreva o seu resumo em um programa de processamento de palavras, confira se há erros ortográficos, então o copie e cole no LinkedIn. Desta maneira a ortografia do seu texto estará correta e você poderá inserir símbolos nele (como os marcadores que eu tirei do MS Word; há outros símbolos que pode usar se quiser – já vi músicos usarem ícones de notas). Lembre-se: você tem apenas uma chance de fazer uma boa primeira impressão! Um perfil com erros de digitação muito provavelmente derrotará qualquer objetivo que se tenha no LinkedIn, não importa o que queira conquistar.

Preencha sua Experiência de Trabalho

Você já foi a uma entrevista de trabalho e o entrevistador disse algo como: "Então, me fale de você"?

Uma das primeiras informações que o LinkedIn vai pedir é sua experiência de trabalho. Nesta seção há a oportunidade de dizer a clientes potenciais, parceiros, gerentes e investidores tudo a seu respeito e o que fez todos esses anos. Se saiu há pouco da faculdade, mesmo que não tenha muita experiência, há uma série de opções de informações para colocar aqui. Veja bem, elas não precisam ser empregos em turno integral; precisam ser apenas posições ou atividades onde obteve experiências relacionáveis ao mundo profissional. Para aqueles entre nós mais "seasoned" [5] (eu adoro este termo – ele nos faz parecer filés de cordeiro, não?), há muito para se falar. Para a seção de experiência, relate a jornada que está empreendendo, ou, como disse o Grateful Dead, "Que viagem longa e estranha tem sido". [6]

A questão é: você menciona todos os lugares em que já trabalhou? A resposta é na maioria das vezes "sim", e há boas razões para isso, como saberá logo. Entretanto, exclua trabalhos que realmente não contribuem

---

5 "Experientes", mas também "temperados". (N. T.)

6 "What a long, strange trip it's been". (N. T.)

para sua carreira profissional. Tirando os trabalhos que não elevam o seu status profissional, coloque todas as empresas decentes onde já trabalhou. Acrescentar uma grande empresa, mesmo que tenha trabalhado em um nível mais baixo ou mesmo como estagiário, traz credibilidade ao seu perfil. Isso o associa a uma grande marca e é uma razão a mais para confiar em você. Significa que tem algo em comum com quem trabalhou na mesma empresa.

Outra razão para listar todos os seus trabalhos relevantes é a de que as recomendações têm de ser associadas com o cargo que você listou na Experiência. Não coloque uma recomendação geral que diz algo como: "É uma grande pessoa como um todo". Recomendações são cruciais para construir sua marca no LinkedIn, e elas são a prova social que você é a pessoa maravilhosa que diz ser. Todo cargo que lista proporciona outra oportunidade para incluir uma recomendação estimulante de um colega, chefe, cliente satisfeito, parceiro de negócios e por aí afora.

Acrescentando Empregos que não Sejam de Turno Integral

Você pode e deve incluir posições voluntárias, à medida que dêem aos visitantes do seu perfil a chance de ver que você oferece retorno para sua comunidade e que é um indivíduo versátil. Para quem é recém-formado, com pouca experiência profissional, postar trabalhos voluntários, nos quais esteve ativamente envolvido em diferentes setores é importante.

Listar e descrever trabalhos voluntários também é interessante quando se está desempregado, procurando trabalho. Dizer que é o presidente, coordenador voluntário ou presidente da associação de uma entidade assistencial mostra que você não está no sofá comendo salgadinhos e assistindo *Mad Men*. Você é ativo na comunidade e cuida de suas habilidades interpessoais. Outra grande opção para a mesma situação é começar um Grupo de LinkedIn, e listar seu papel atual como "Gerente de Grupo, Grupo LinkedIn ABC". Mostra que você não somente é ativo e conhecedor de mídias sociais, como também um líder de ideias na sua área.

Leve o tempo que for necessário para elaborar a descrição do trabalho; não seja tentado a colocar somente os seus títulos e deixar assim. Você nunca sabe qual das suas realizações será a que o colocará à frente da competição aos olhos de um cliente ou empregador potenciais. Preencha suas descrições com palavras-chave, as competências e títulos de trabalhos para conseguir a especialidade buscada. Se sabe determinada linguagem de computação ou é especialista em um programa de design gráfico, coloque-o ali. Tenha cuidado ao elaborar a descrição, tendo em vista que ela conta a história de quem você é como um profissional e lhe proporciona a chance de usar palavras-chave. (Palavras-chave são os termos que as pessoas buscam no LinkedIn quando procuram por especialistas).

Mesmo trabalhos em meio-turno podem ser listados na seção de Experiência, especialmente se tem a ver com como quer ser conhecido, já que é possível usar várias palavras-chave na descrição do trabalho. Por exemplo, quero ser conhecido como um especialista em LinkedIn. Então, no meu perfil, listo diversos trabalhos de consultoria em minha seção de Experiência onde fui treinador de LinkedIn em diferentes corporações e grupos profissionais. Já que o termo era como eu queria se conhecido e encontrado, inclui vários desses trabalhos, mesmo que tenham sido cargos de curto prazo.

Arranjando a Ordem dos Trabalhos

Vá a *Perfil* > *Editar Perfil*. Encontre a seção de Experiência e clique sobre o link + *Adicionar cargo* à direita. Aparecerá um campo, coloque o nome da sua empresa, título, localização, período de tempo e descrição. Se este é o cargo que você ocupa atualmente, clique no campo que diz *Trabalho atualmente aqui*.

Basicamente, se você clicar no campo próximo do cargo dizendo "Trabalho aqui", ele aparece próximo do topo da sua seção de Experiência, e se não o fizer, ele aparecerá mais abaixo. Para acrescentar os seus trabalhos passados, clique em + *Adicionar um cargo*, não clique o campo *Trabalho atualmente aqui*, e coloque os meses iniciais e finais e os anos que trabalhou ali. Se está desempregado e procurando trabalho, não há problema em informar o seu trabalho recente na seção de Experiência desde que adicione uma data final para o trabalho para alertar que você está disponível.

Para mudar a ordem dos trabalhos atuais (por exemplo, digamos que liste alguns trabalhos de meio-turno, um cargo voluntário e um contrato de consultoria), é fácil de arranjá-los na ordem na qual quer que os leitores os vejam. No modo *Editar Perfil*, simplesmente passe o mouse sobre qualquer trabalho que realiza atualmente e o arraste e solte.

Adicionando Seções para o seu Perfil Brilhar

Logo abaixo do campo principal de informações, há um pequeno recurso de hyperlink à direita que diz + *Adicionar Seções* no qual é possível adicionar ao para o seu perfil para refletir reconhecimentos, conquistas e experiências. Clique sobre + *Adicionar Seções* para começar. Você terá a oportunidade de adicionar seções que pode usar realmente para contar a sua história e proporcionar aos leitores uma ideia da sua vida profissional (ver Figura 2-5). Seções que podem ser adicionadas incluem:

- Certificados
- Publicações
- Cursos
- Reconhecimentos e prêmios
- Organizações
- Projetos
- Patentes
- Notas de provas
- Trabalhos voluntários e causas sociais

Adicione seções diferentes que o ajudarão a contar sua história completa no LinkedIn.

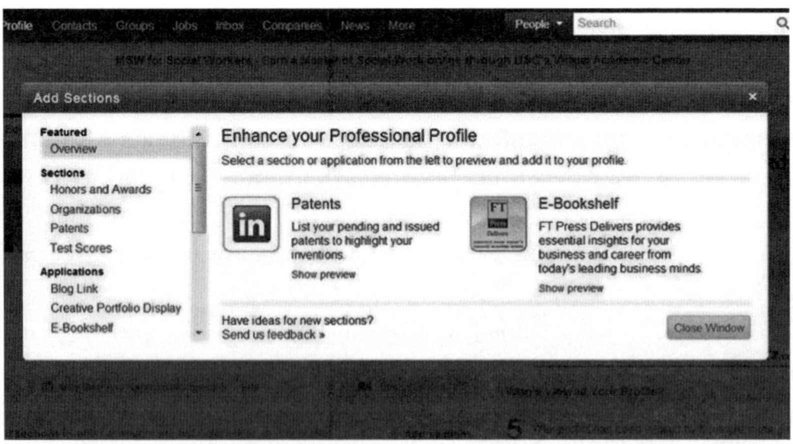

Figura 2-5. Quando clica em + *Adicionar Seção* sob o campo de informações principal no modo Editar Perfil, este campo será exibido, fornecendo diversas opções listadas à esquerda para adicionar seções informativas ao perfil.

Olhe para as escolhas e veja quais seções quer adicionar que farão com que o seu perfil se destaque. Das seções opcionais listadas anteriormente, use Trabalhos Voluntários & Causas e Publicações. Adicione a seção de trabalhos voluntários ao seu perfil. Afinal de contas, uma das suas principais prioridades é mostrar que você é uma pessoa interessante e de confiança para fazer negócios. Mostrar o seu envolvimento em caridades locais e nacionais conta outra parte da sua história profissional, e pode ser interessante para algumas pessoas com quem tenta criar relações.

A seção Trabalhos Voluntários & Causas é na realidade três tópicos em um:

1. **Cargos voluntários que ocupei**
   Inclua o nome da organização, seu cargo, período que trabalha lá, e uma descrição detalhada da missão e finalidade da organização.
2. **Causas sobre as quais me preocupo**
   Escolha de uma lista que o LinkedIn fornece ou coloque a sua própria causa específica.
3. **Organizações que apoio**
   Digite o nome da organização que está apoiando, e o LinkedIn vai procurar na lista de organizações no seu banco de dados e encontrar a organização que quer incluir no seu perfil. Esta é a razão para que a sua organização de caridade favorita tenha um perfil de empresa no LinkedIn.

Também uso a seção opcional chamada *Publicações.* É ali que coloco meus livros, meus dois cursos online, e artigos que escrevi e submeti a www.EzineArticles.com. O que adoro nesta seção é que há um hyperlink para o título de cada item, e há um espaço para descrever a publicação. Então as pessoas que leem sobre meus livros e querem aprender mais podem clicar sobre o título, e de lá elas vão para a Amazom.com. Aqueles que querem comprar mais cursos clicam sobre os seus títulos, e de lá vão para as páginas promocionais na Internet. Similarmente, os títulos EzineArticles.com vão para meus artigos naquele site.

Então se você tem qualquer artigo na Internet que mostra que é um especialista; se publicou uma história em uma revista online; se tem um livro na Amazom.com; um curso online para vender... se tem literalmente qualquer coisa escrita na Internet que quer que as pessoas tenham acesso instantâneo, adicione à seção de *Publicações* e coloque um link para este material. Isso dará profundidade ao seu perfil, acrescentará à sua marca como especialista, e dará a você a chance de acrescentar URLs ilimitados ao seu perfil. Apenas clique em + *Adicionar uma Publicação* nesta seção, adicione o título e o URL correspondente, e descreva resumidamente o que as pessoas vão ler.

E se tem um livro em seu site, que você quer que as pessoas leiam, primeiro, adicione a seção *Publicações* ao seu perfil clicando em *Perfil* > *Editar Perfil*, clicando em + *Adicionar Seção*, e adicione aquela seção. Então acrescente o URL do seu site e uma descrição da publicação que os usuários encontrarão lá.

Outra grande seção para se adicionar é a de *Projetos*. Como a seção *Publicações*, ela oferece a chance de adicionar URLs ilimitados ao seu perfil. Por exemplo, trabalhei com um cliente recentemente que tinha uma empresa de construção, e ele realmente queria destacar os projetos concluídos de sua empresa e apresentá-los aos clientes potenciais. Então adicionamos a seção *Projetos*, em seguida adicionamos cada descrição dos projetos e colocamos um hyperlink para as fotos que ele havia carregado anteriormente para o Flickr, um site gratuito de compartilhamento de fotos. Desse modo, os clientes potenciais podiam realmente ver o grande trabalho que a sua empresa havia feito. Então a seção de *Projetos* é excelente para apresentar provas em cores vivas do que você conquistou na sua carreira.

* * *

Agora você estabeleceu uma base para um perfil incrível. Mas há mais a ser feito. Vamos continuar adicionando informações ao seu perfil a fim de proporcionar-lhe a vantagem sobre a sua competição: prova social ou recomendações.

Capítulo 3: É Dando que se Recebe – Dando e Recebendo Recomendações

O seu perfil é o seu trabalho de arte, a sua *Mona Lisa*, a sua estátua de *David*, o seu teto da Capela Sistina. Tudo nele constrói sua marca como a pessoa a ser procurada na sua área, o especialista sem igual no mundo moderno.

Tudo foi criado por você, exceto uma seção importante que pode ajudar a determinar o seu sucesso no LinkedIn: Recomendações.

Recomendações são a prova de que você é tão bom quanto diz ser no seu perfil. Felizmente, o LinkedIn dá a você a chance de conseguir recomendações de uma ampla gama de pessoas, então nunca faltarão endossos para adicionar ao seu perfil a fim de criar o que se tornou tão crucial no mundo da internet transparente de hoje em dia – a saber, prova social. Você pode dizer às pessoas o quão fantástico é, mas ninguém vai acreditar realmente até que outra pessoa (além de um parente próximo ou sua amada) esteja ali para concordar.

Isso me lembra da charge famosa do *The New Yorker* que resume os perigos de confiar no que vemos online. Dois cães estão na frente de um computador, e um está digitando e diz para o outro: "Na internet, ninguém sabe que você é um cão".

Colocando a questão de outra maneira, na internet, muitas vezes você não sabe o que está recebendo. Tantas pessoas se deram mal acreditando no que liam online, que hoje em dia há desconfiança a respeito de qualquer coisa em um site. Nos últimos anos a Comissão Federal do Comércio (FTC)[1] entrou na briga e criou leis para proteger os consumidores de comerciantes que exibem testemunhos e blogues falsos; entretanto, a internet é tão vasta que é impossível policiar cada empresa individualmente.

Provas sociais exercem um papel importante em acalmar os temores das pessoas. É fácil adicioná-las ao seu perfil no LinkedIn, e isto pode vir de uma série de lugares. Você pode pedir a colegas, chefes, pessoas que se reportaram a você, parceiros de negócios, professores, pessoas que trabalharam para você... literalmente qualquer pessoa com quem compartilhou algum tipo de trabalho no passado. O que torna as recomendações grandes provas sociais críveis é que os nomes das pessoas que o recomendaram aparecem como hyperlinks ao lado das suas recomendações, de maneira que elas podem ser facilmente conferidas e seus elogios corroborados.

Provas Sociais São a Chave do Sucesso

Então, porque os endossos são tão cruciais para o seu sucesso? Em primeiro lugar, recomendações formam um elemento-chave do perfil, e o número de recomendações que recebeu para cada cargo é observado sob cada trabalho. Quando alguém está escolhendo entre duas pessoas para trabalhar ou consultar, se uma pessoa tem várias recomendações fortes no perfil, que detalham conquistas e metas específicas atingidas, enquanto a outra não tem nenhuma, o contratante provavelmente dará à pessoa com recomendações uma oportunidade. O que conta no LinkedIn é aproveitar o momento, então você tem de estar pronto com um perfil "matador" que inclua recomendações.

Eu tive uma experiência recentemente quando fazia apresentação para uma empresa de marketing que estava interessada em me contratar para um treinamento em LinkedIn, e também para formar uma parceria comigo como treinador de seus clientes. Enquanto eu falava, abri meu perfil em uma tela grande de 50 polegadas instalada na parede, e fui mostrando o perfil, incluindo minhas recomendações (que chegam a aproximadamente 150). O presidente da empresa olhou para o perfil e disse: "Nossa! Um monte de recomendações! Isso é bom". Eu sabia que tinha

---

[1] Federal Trade Commission. (N. T.)

marcado alguns pontos, e de fato consegui o trabalho de instrutor e cadastrei aquela empresa como parceira de referência.

Segundo, quando usuários do LinkedIn procuram por determinadas competências, eles usam palavras-chave, e as palavras nas recomendações são "pesquisáveis por palavras-chave". É por essa razão que talvez você se ofereça para escrevê-las, como veremos em breve.

Terceiro, suas recomendações ajudam a determinar a posição em que aparece nas classificações quando as pessoas pesquisam no LinkedIn. Devido ao algoritmo de pesquisa do LinkedIn, todos os outros fatores sendo iguais, quem tem mais recomendações aparece mais acima dos perfis de outras pessoas que têm as mesmas palavras-chave.

Preparando-se para Receber Recomendações

Agora é um bom momento para começar a pensar sobre todas as pessoas que podem contribuir com uma recomendação e ajudá-lo com este aspecto crucial do seu perfil no LinkedIn. Mas nem todos podem escrever uma recomendação; as únicas pessoas que podem fazê-lo são integrantes do LinkedIn que estão diretamente conectados a você (em outras palavras, conexões de primeiro nível). Por isso, é importante conectar-se com qualquer pessoa com quem você já tenha trabalhado e que possa contribuir com uma recomendação.

Então se você conhece pessoas que escreveriam uma grande recomendação, mas que não deram o salto e se estabeleceram no LinkedIn, você poderia considerar compartilhar alguns dos benefícios de se estar no site, mostrando a elas como inscrever-se e conectar-se a você, e então pedir a recomendação. Você estará fazendo a elas um favor e conseguindo um pouco mais de prova social para o seu perfil.

Se alguém já está no LinkedIn e talvez lhe desse uma grande recomendação, mas vocês ainda não são conexões de primeiro nível, então dê aquele passo e convide esta pessoa para conectar-se. Assim que você fizer isso, é possível pedir uma recomendação.

Conseguindo Recomendações de Conexões de Primeiro Nível

Vá para *Perfil* > *Recomendações* > *Solicitar Recomendações* e siga estes passos.

1. **Escolha para o que quer ser recomendado,** selecionando um cargo do menu suspenso (ver Figura 3-1). Esta é a razão porque é tão importante preencher a sua seção de experiência de trabalho completamente com todos os cargos que você já teve. Isto proporciona a você uma gama mais ampla de cargos para ser recomendado – sejam eles em meio-turno, turno integral ou voluntário.
2. **Decida a quem vai pedir**. Clique sobre o campo azul do LinkedIn à direita, e aparecerá uma caixa com seus contatos de primeiro nível. Clique, na caixa de seleção, ao lado do nome de cada pessoa. Recomendo pedir a apenas uma pessoa de cada vez, mesmo que seja possível "pedir em grupo" até para 200 pessoas de uma vez. Conseguir recomendações é uma tarefa importante demais para se fazer um envio em massa que pode não ter o mesmo efeito que um pedido altamente personalizado.
3. **Criar sua mensagem**. O sistema fornece um pedido muito óbvio e sem graça. Apague esse cara imediatamente! Você está construindo a parte crucial do seu perfil; não tome atalhos enviando o que alguém no LinkedIn escreveu. Além disso, você está tomando o tempo de alguém, então o mínimo que pode fazer é escrever uma nota breve. Crie um pedido muito específico baseado no que vocês dois fizeram juntos, por exemplo:

Adorei trabalhar com você na retrospectiva "Grandes Momentos de Sensibilidade no Cinema", de Bruce Willis. Quem diria que haveria tantos? Eu ficaria muito agradecido se você pudesse recomendar o meu trabalho no projeto...

Pegou a ideia? Quando aquela recomendação preciosa voltar, você será notificado na sua caixa de entrada do LinkedIn. A esta altura, terá poucas escolhas:

1. **Aceitá-la.** Se for o que esperava, aceite-a e ela vai direto para o seu perfil.
2. **Peça uma revisão.** Se a recomendação não saiu do jeito que você queria – por exemplo, você gostaria de destacar um determinado aspecto do papel ou trabalho, ou algo estava incorreto – você pode enviá-la de volta com uma nota educada pedindo que a pes-

soa a modifique e então dar a ela algumas sugestões para as mudanças.

3. **Escondê-la.** Se por alguma razão mudou de ideia e não quer mais que esta pessoa a recomende, ou quer minimizar aquele cargo, apenas a esconda e o mundo jamais a verá.

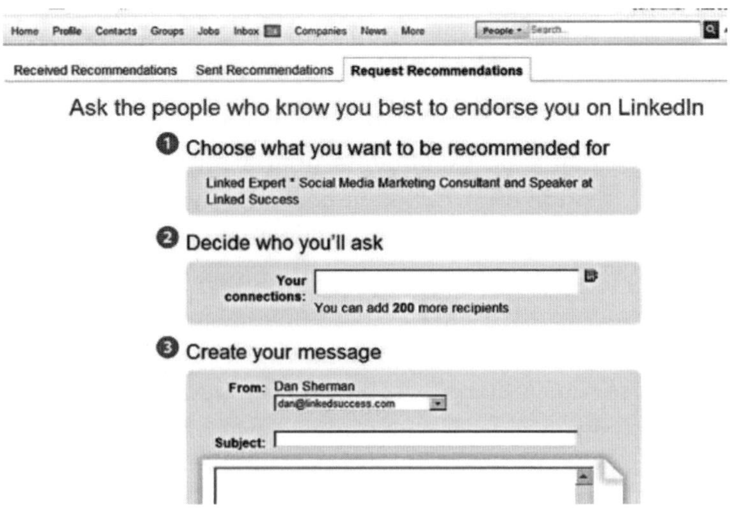

Figura 3-1. Com o formulário de Pedido de Recomendação é possível adicionar prova social ao seu perfil. Escreva para suas conexões de primeiro nível e peça um testemunho sobre o trabalho que fizeram juntos. Não esqueça de personalizar a mensagem para sua conexão.

Uma maneira de assegurar que a recomendação recebida é a recomendação pedida é dar uma pequena ajuda. A pessoa para quem pediu a recomendação talvez esteja ocupada demais para se sentar e brincar de Shakespeare para você. Tudo bem. Escreva a recomendação para ela exatamente como quer que ela apareça, com todas as palavras-chave importantes para ser encontrado, e enviá-la para ela. Ela pode então usá-la completamente ou editá-la e envie de volta. Tente isso, se estiver de acordo com o seu estilo. As pessoas muitas vezes ficam contentes em conceder-lhe recomendações, mas não têm o tempo e apreciam recomendar sem grande esforço.

Recomendo discutir isso com a pessoa antecipadamente para ver se ela está aberta a ajudá-lo. Em seguida, escreva uma nota para ela através do LinkedIn que diz algo assim:

> Cara Alice, conforme conversamos, estou interessado em adicionar a sua recomendação ao meu perfil, e ficarei realmente grato se você pudesse me ajudar. Apreciarei se puder incluir alguns exemplos dos resultados que você alcançou trabalhando comigo.
>
> Eu gostaria de facilitar ao máximo essa questão, então aqui vai um rascunho possível. É claro, sinta-se livre para editá-lo e criar o seu próprio texto. Agradeço sua ajuda.

Em vez de mandar um rascunho, o que faço às vezes é enviar a alguns pontos-chave que a pessoa pode inserir com suas próprias palavras. Compreenda, ela não sabe exatamente qual a marca que você está tentando construir; e pode estar ocupada demais construindo a dela! Então, mantenho uma lista de pontos-chave no meu computador e a envio quando alguém diz que me recomendará, mas quer saber o que dizer.

Tenha em mente quando pede recomendações que você está na realidade fazendo um favor aos seus contatos quando eles lhe enviam uma. Isso porque agora seus nomes aparecem no seu perfil, o que dá a elas uma exposição a mais à sua rede. Já que o meu perfil é bastante visto, uso isso como uma pequena moeda de troca quando abordo contatos para uma recomendação.

Quer mais Recomendações? Escreva Algumas!

E se você está dando os primeiros passos no mundo profissional e não conhece ninguém que o recomendaria? Ou, e se você está simplesmente começando no LinkedIn? Qual a melhor maneira de desencadear o processo? Comece escrevendo recomendações para qualquer pessoa que você consiga se lembrar. Escreva cinco ou dez por dia e siga em frente!

Observe seus contatos indo em *Contatos > Conexões,* aparecerão seus contatos de primeiro nível. Percorra a lista, primeiro selecionando contatos por localização para encontrar pessoas conhecidas na sua área. Talvez vocês trabalharam juntos em algum projeto para o qual pode recomendá-los. Então faça uma lista de todas as pessoas com quem trabalhou ou compartilhou uma experiência positiva. (Poderia ser um mentor, professor, colega, empregador, vendedor, cliente, ou alguém com quem você trabalhou como voluntário, caso não tenha muita experiência).

Então, assim que souber quem quer recomendar, volte para *Contatos > Conexões* e abra o seu perfil. Procure o botão *Enviar uma mensagem* na parte de baixo do seu campo de *Informações* e clique na seta para baixo para revelar o menu pendente. Clique em *Recomendar* e será pedido para selecionar a categoria da recomendação (Colega, Prestador de Serviço, Parceiro de Negócios ou Estudante) e clique em *Continuar* e o formulário de recomendação aparecerá. Escolha o trabalho para o qual está recomendando esta pessoa e sua relação com ela à época, então escreva uma recomendação muito específica e que seja genuína. (Ver Figura 3-2).

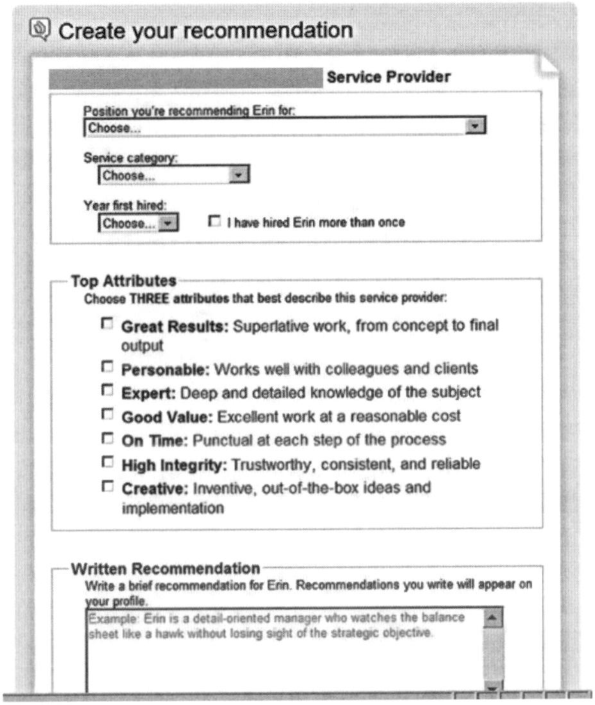

Figura 3-2. O formulário de recomendação possibilita a chance de selecionar três atributos da pessoa que você esteja recomendando e então oferecer um testemunho sincero do seu trabalho. Escrever recomendações não solicitadas é uma boa ação e pode levar a benefícios inesperados.

Invista aí alguma energia e reflexão. Comece examinando o perfil da pessoa e conferindo o seu título profissional e resumo. Você verá o que esta pessoa promove como sua marca e quais palavras-chave ela usa para ser encontrada. Incorporando isso à sua recomendação, escreva um texto que tem boas chances de ser aceito pela pessoa e que otimizará o seu perfil. Outra razão porque é importante conferir o perfil da pessoa antes de escrever, é que ela poder ter mudado o seu foco na carreira e sua promoção de marca desejada desde a última vez que vocês trabalharam juntas.

Ao receber uma recomendação não solicitada, esta pessoa ganhará o dia. E você também se beneficia quando ela a aceita porque o seu nome está no perfil dela, com um hyperlink de volta para você, e você ganha uma exposição a mais e um tráfego adicional potencial de volta para seu perfil. Escreva uma boa recomendação para assegurar que a pessoa irá aceitá-la. As suas recomendações também aparecem no seu perfil do lado direito, dando aos seus contatos uma exposição maior.

Mas isso não é tudo. Faço isso diariamente, e vejo grandes coisas acontecendo. Na maioria das vezes a pessoa fica tão agradecida que ela escreve uma recomendação de volta, acrescentando à minha prova social.

Muitas vezes, a pessoa ficará tão agradecida que ela pede que eu envie algumas palavras de maneira que ela possa escrever uma recomendação de volta (e eu estou preparado). Uma vez um colega treinador pegou o telefone e me ligou para me agradecer, ofereceu-se para retornar a recomendação, e então sugeriu que nos encontrássemos e pensássemos em algumas ideias para parcerias. Outro dia recebi um e-mail de um treinador me agradecendo por uma recomendação não solicitada e me pedindo para ligar para ele; nós nos reunimos, e agora ele me passa trabalhos. Tento escrever pelo menos uma recomendação não solicitada por dia devido às recomendações em retorno, negócios potenciais e exposição no LinkedIn que isso me proporciona.

Saiba Quem Está Recomendando

Cedo ou tarde você receberá um pedido de recomendação de alguém que não o conhece. Recentemente recebi um pedido de recomendação baseada no fato de que ambos estávamos no LinkedIn. De jeito nenhum! Simplesmente ignoro esses pedidos. Lembre-se, *seu* nome com o hyperlink para o *seu* perfil aparecem junto à recomendação. Proteja sua marca sabiamente no LinkedIn e dê recomendações somente a pessoas que você conhece e com quem teve uma experiência positiva e que acha que podem fazer um bom trabalho para os outros.

Só porque eu sou um networker receptivo não significa que vou recomendar qualquer pessoa. Vou conectar-me com as pessoas... mas recomendarei apenas as que eu conheço.

Gerencie as Recomendações

Você tem controle completo sobre quais recomendações mostra. Simplesmente vá para *Perfil > Recomendações > Recomendações Recebidas*. Clique sobre *Gerenciar* em qualquer posição. Você terá uma tela exibindo todas as suas recomendações para aquele cargo (ver Figura 3-3). Você pode clicar sobre o campo que diz *mostrar* para exibir ou esconder recomendações. Sob cada recomendação também há o hyperlink *Solicitar uma recomendação nova ou revisada de...* Este link o leva de volta para a tela de Solicitar Recomendação, onde é possível enviar um novo pedido.

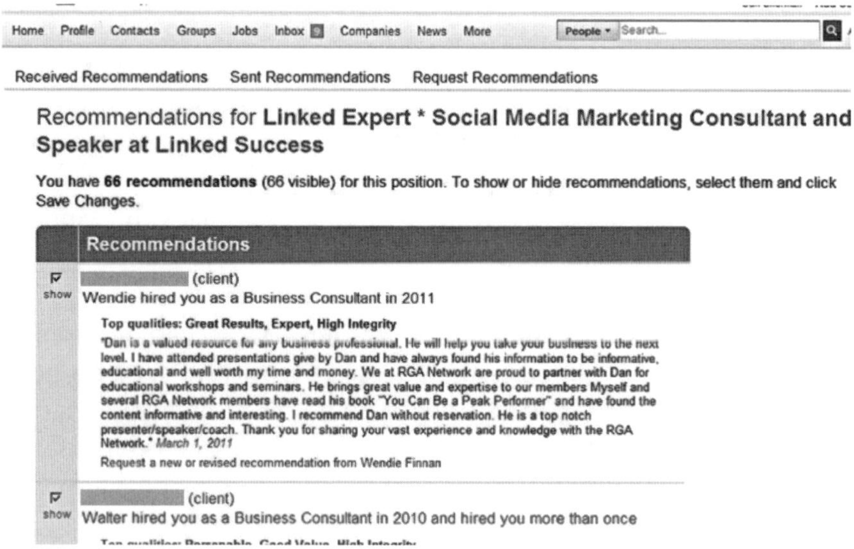

Figura 3-3. A tela de Gerenciar Recomendações proporciona a você a oportunidade de gerenciar suas recomendações para cada cargo. Você pode exibir ou esconder uma recomendação, solicitar uma revisão, ou na parte de baixo da página pode ver recomendações que não foram respondidas e reenviá-las.

Vá até a parte de baixo desta página, onde há outra seção chamada *Pedidos de Recomendações Pendentes*. Aqui é possível ver os pedidos de recomendações feitos para este cargo que não foram respondidos, informando para quem você escreveu e em qual data o seu pedido foi enviado. Há um hyperlink para cada pedido que diz *Reenviar*, que você pode usar para enviar o pedido novamente.

As pessoas fazem seu networking em velocidades diferentes, e todo mundo usa o LinkedIn de acordo com suas próprias necessidades. Acredito que se uma semana ou duas se passaram após o seu pedido, não há problemas em lembrar a pessoa reenviando o pedido da tela de Gerenciamento. Às vezes esta pessoa estava ocupada demais quando o pedido chegou pela primeira vez na sua caixa de entrada. Quando eu reenvio o pedido, muitas vezes eu consigo que a pessoa me escreva algo. É trabalhoso, mas o esforço é válido.

Consiga a Prova Social de que Precisa

Perceba que pedir e fazer recomendações regularmente é um esforço que vale a pena, e algo que acrescentará muito ao seu sucesso no LinkedIn. Resumindo esta tarefa importante:

- Não hesite em pedir recomendações. Se não pedir, não as receberá.
- Faça sempre um bom trabalho, de maneira que todos tenham satisfação em recomendá-lo.
- Não deixe o negócio esfriar; assim que terminar um grande projeto para alguém, peça a esta pessoa que o recomende no LinkedIn, enquanto este projeto está fresco em sua mente.
- Se a pessoa de quem quer uma recomendação não domina a tecnologia e não está no LinkedIn, tente trazer esta pessoa a bordo e conectada a você. Ela se beneficiará no longo prazo.
- Doadores ganham. Distribua recomendações abertamente. Você pode acompanhar quantas recomendações enviou clicando em *Perfil > Recomendações > Recomendações Concedidas.*
- Muitas recomendações de qualidade no perfil separam você da turba e lhe conferem credibilidade. Torne parte de sua rotina diária dar recomendações e pedir por elas.
- Busque recomendações na escola ou em um trabalho sem fins lucrativos e voluntário se você está começando no mundo profissional.

***

Ficamos por aqui quanto a esta parte crucial do seu perfil. Definitivamente dê prioridade à seção de Recomendações do seu perfil à sua lista diária de tarefas do LinkedIn. Agora vamos realmente dar vida ao seu perfil com uma ampla gama de aplicativos gratuitos que transformarão em uma ferramenta de difusão multimídia.

Capítulo 4: Hora do Show! Adicionando Aplicativos a um Perfil Multimídia

"*There's No Business Like Show Business*" é o título de uma canção e filme dos anos de 1950 que celebra a empolgação e o glamour da vida no *show business*. Eu concordo que não há nada como o *show business*, e quando falamos do perfil no LinkedIn, há uma maneira de adicionarmos alguma empolgação e glamour sem precisar ir para Hollywood. Toda a vitalidade que precisa será encontrada nos aplicativos do LinkedIn.

O LinkedIn proporciona toda uma gama de aplicativos gratuitos que trazem vida para o perfil, transformando-o de um currículo comum em uma festa multimídia. Por que ser enfadonho e unidimensional quando podemos produzir um show?

Para começar a transformação de chato para deslumbrante, vá até *Mais* no menu superior, clique em *Obter Mais Aplicativos...*, e você será levado a uma página com todos os tipos de aplicativos gratuitos fantásticos que transformarão o seu perfil em um paraíso multimídia (ver Figura 4-1). A vantagem de adicioná-los ao seu perfil é que esses aplicativos estão funcionando para você vinte e quatro horas por dia sete dias por semana enquanto estiver ocupado fazendo outras coisas, disseminando seus artigos, vídeos e suas apresentações para qualquer um que queira saber mais a seu respeito.

Vamos examinar os aplicativos um a um, começando com os meus favoritos. Isso deixará claro o modo como tornar especial seu perfil, refletindo que você é muito especial!

Figura 4-1. Os aplicativos gratuitos do LinkedIn oferecem a oportunidade de adicionar elementos multimídia, conferindo profundidade ao seu perfil. Eles permitem a criação de um minisite que verdadeiramente se destaque da multidão.

Blogues

Se você tem um blog, use o Blog Link ou aplicativo WordPress. Baixe o aplicativo, insira o seu URL, e toda vez que atualizar este blogue, uma postagem nova aparecerá no seu perfil. Desta maneira, o perfil torna-se uma ferramenta viva que está constantemente atualizada. Se quiser ser visto como um especialista, a melhor maneira é continuamente expressar suas ideias e opiniões para os profissionais no LinkedIn.

O aplicativo do blogue também funciona como um gerador de tráfego, pois quando as pessoas clicam em uma postagem no seu perfil, isto abre o seu blogue em uma nova janela. Uma vez lá, as pessoas podem explorar, ler e juntar-se à sua lista de correspondência, ver produtos que você tem para vender, descobrir sobre eventos que está organizando, e interagir com você para aprofundar a sua conexão, aumentando a venda dos seus produtos e serviços.

SlideShare

Este ótimo aplicativo possibilita o compartilhamento de apresentações com os leitores do seu perfil. Quando o baixa para o seu perfil, você pode adicionar documentos, pastas, áudio, vídeos, PDFs e mais. É possível criar o seu próprio webinário automático se quiser.

Eu uso o SlideShare no meu perfil para postar vídeos de testemunhos de empresários que assistiram às minhas aulas sobre como usar a mídia social para aumentar suas vendas e lucros. Os vídeos cumprem várias finalidades para mim. Primeiro, fornecem mais provas sociais de que sou alguém que pode ajudar as pessoas a alcançarem o sucesso através do uso da mídia social. Segundo, coloco o URL do meu curso de mídia social online como uma nota de rodapé passando por um dos vídeos de maneira que as pessoas possam ir para aquele site, olhar meu produto e comprá-lo.

Seja criativo com este aplicativo. Se não quiser colocar testemunhos, então coloque um vídeo de você falando sobre a sua área de especialidade. Prepare uma câmera e grave a si mesmo, ou peça para um amigo entrevistá-lo enquanto você está sendo filmado.

O vídeo é ótimo se você é um consultor ou empreendedor – crie seu comercial de 60 segundos, contando para as pessoas quem você é, quem você ajuda, para isso use os primeiros 30 segundos. Nos 30 segundos seguintes, você pode explicar como encontrá-lo e conectar-se a você para ver se há uma possibilidade de trabalharem juntos. Um vídeo vai dar vida ao seu perfil, agregar aquele brilho de *show business* e permitir que a sua personalidade apareça. Como diz o velho ditado: as pessoas fazem negócios com quem conhecem, gostam e confiam. O vídeo é um bom começo para permitir que as pessoas conheçam você de verdade.

Se está procurando trabalho, grave um vídeo-currículo e realmente se destaque de todas as outras pessoas procurando pela mesma posição que você. Fale sobre o que você está procurando, o que você tem a contribuir e como poderia beneficiar qualquer organização que o contrate.

Se você é o proprietário de uma empresa, mostre as suas instalações com uma visita guiada, demonstre como você faz o seu produto, ou apresente os seus funcionários e deixe-os falar sobre os produtos. A maneira de usar esse aplicativo são infinitas e são restritas somente por sua imaginação.

A seguir as instruções para carregar um vídeo para o SlideShare:

1. Vá para *Mais > Obter Mais Aplicativos* e baixe o aplicativo SlideShare para o seu perfil.
2. Vá para *Perfil > Editar Perfil.*
3. Clique no logo SlideShare no aplicativo.
4. Crie uma conta paga SlideShare PRO e faça um link dela para seu perfil LinkedIn. Contas PRO custam a partir de US$ 19 por mês.
5. Assim que tiver uma conta, clique no botão *Carregar,* no topo da página.
6. Selecione o vídeo que quer carregar.
7. Adicione um Título, Tags, Categoria e Descrição.
8. Após carregá-lo, clique no botão *Publicar*.
9. Clique no botão *Exibir no seu Perfil* do lado direito.

Box.net

Esse aplicativo permite que você coloque vários documentos e MP3s no seu perfil de maneira que os seus leitores possam baixá-los. É como um centro de hospedagem 24 horas por dia. Baixe o aplicativo, carregue-o com seus documentos e arquivos, e ele proporcionará aos visitantes do seu perfil informações prontamente disponíveis.

O que você pode colocar no Box.net? Seja criativo!

- Se está procurando por um emprego, transforme o seu currículo em um PDF e disponibilize-o (apagando qualquer informação que você não queira na internet primeiro). Você também pode incluir cartas testemunhais daqueles que não estão no LinkedIn. Se você não conseguir fazer com que as pessoas entrem para o LinkedIn e escrevam um testemunho para o seu perfil, transforme suas cartas em PDFs e as adicione ao Box.net.
- Se é um consultor, carregue um PowerPoint sobre a sua empresa ou um folheto da empresa. Tenho o folheto da minha empresa no Box.net, e não preciso mais enviá-lo. Apenas digo aos clientes potenciais que visitem meu perfil LinkedIn e baixem o folheto, e como bônus, o Box.net me envia um e-mail sempre que alguém baixou meu folheto (você não vê o nome da pessoa, apenas que alguém pegou uma cópia do seu folheto).

- Se é proprietário de uma empresa, coloque fotos dos seus produtos, artigos, testemunhos de clientes ou qualquer coisa que lhe dê credibilidade.
- Se está lançando uma *start-up*, coloque uma visão geral do seu projeto para conseguir investidores anjos, investidores de capital de risco e empregados potenciais.

O Box.net permite o compartilhamento de informações com os usuários do LinkedIn, e pode proporcionar prova da sua experiência e conhecimento. Quero dizer com isto que você é um especialista. Você sabe mais sobre algo do que os visitantes do seu perfil – seja financiamento imobiliário, contabilidade de custos ou gerenciamento de projeto. Então você pode escrever chamadas como "10 Dicas para poupar dinheiro que você precisa saber quando comprar um sistema de telefonia" ou algo similar, salvar a lista em um PDF e deixar que as pessoas a peguem do seu perfil. Desse modo, você primeiro cria valor, antes que outros o conheçam, e assim constrói uma impressão favorável entre aqueles com quem você quer fazer negócios.

Meu aplicativo Box.net está cheio de artigos que escrevi sobre como ter sucesso no LinkedIn. Eu recebo avisos todos os dias que pessoas estão baixando esses artigos sobre o LinkedIn do meu perfil, de maneira que faço propaganda o tempo inteiro, enquanto estou ocupado com outra coisa. Não esqueci de acrescentar minha foto, endereço de e-mail, número de telefone e informação do site a cada documento de PDF que carreguei no Box.net de maneira que as pessoas possam me encontrar uma vez que leiam minhas dicas gratuitas.

A seguir as instruções para usar o Box.net:

1. Vá para *Mais > Obter Mais Aplicativos* e selecione Box.net.
2. Baixe o aplicativo para o seu perfil.
3. Vá para *Perfil > Editar Perfil*, clique em Box.net, e abra uma conta gratuita com eles direto do seu perfil.
4. No modo *Editar Perfil*, clique sobre o menu azul do aplicativo, em seu perfil, para abrir um menu suspenso.
5. Clique em *Upload* do menu, e uma janela aparecerá. Selecione arquivos do seu disco rígido para adicionar ao seu aplicativo Box.net no seu perfil.

Lista de Leitura da Amazon

Ao baixar este aplicativo, é possível compartilhar os livros que você está lendo com sua rede. É uma boa maneira de mostrar que você está profundamente envolvido no tema e mantendo-se atualizado. Além de permitir que outras pessoas vejam o que está lendo e suas opiniões sobre estes livros, o aplicativo permite seguir as listas de leituras de outras pessoas.

Toda vez que publicar uma crítica a um livro, o LinkedIn envia um aviso para suas conexões de primeiro grau, o que proporciona a você uma percepção *top of mind* maior com os outros e é mais uma ajuda na criação da sua marca. O LinkedIn vai exibir os últimos dois livros que você comentou no seu site, portanto pense cuidadosamente a respeito de quais livros exibir. Eles se tornam parte do seu perfil e seu "bem imóvel" no LinkedIn, e como consequência parte da marca que está criando.

Para aqueles com livros à venda na Amazon, o aplicativo é uma ferramenta de publicidade gratuita. Tenho em meu aplicativo de lista de leitura dois livros incríveis. Um é chamado *You Can Be a Peak Performer!*, escrito por este consultor de negócios incrível que também é muito bonito... Ok, você me pegou; o livro é meu. Ao usar este aplicativo, eu posso colocar uma foto da capa do livro no meu perfil como uma mini-propaganda juntamente com minha opinião humilde sobre porque todo mundo deveria ler meu livro. Também mostro este livro aqui que ajuda a consolidar minha marca como um especialista em LinkedIn. (Lembre-se: tudo que você faz no LinkedIn acrescenta para a sua marca).

Isso não apenas gera propaganda e incrementa minha marca, como facilita a compra de meus livros. Quando alguém clica sobre meus livros no aplicativo da Amazon em meu perfil, isso leva esta pessoa direto à página da Amazon, onde ela pode pagar com seu cartão de crédito e tirar proveito do serviço de entrega rápida.

Para adicionar livros ao seu perfil, siga estes passos:

1. Vá para *Mais > Obter Mais Aplicativos*.
2. Baixe o aplicativo Lista de Leitura da Amazon.
3. Vá para *Perfil > Editar Perfil* e encontre o aplicativo da Amazon.
4. Clique sobre o botão *Atualizar Sua Lista*. Sob a linha *O que você está lendo?*, digite os livros que quer exibir, e a Amazon vai procurá-los no seu estoque.
5. Quando localizar o livro que quer, selecione-o, escreva sua crítica, e clique em *Salvar*. O livro estará agora no seu perfil.

Eventos

Este é outro aplicativo que tenho no meu perfil. É uma boa maneira de divulgar meus eventos para minhas conexões e toda a rede do LinkedIn. Sempre que estou promovendo uma sessão de treinamento em LinkedIn, crio um evento, e ele aparece no meu perfil e nos perfis da minha rede.

A seção de Eventos no meu perfil também acrescenta à minha "encontrabilidade" nas Pesquisas no LinkedIn, já que ela é absolutamente pesquisável pelas palavras-chave na descrição do evento, nos tags que eu defino e nos títulos de pessoas que devem considerar participar dele. É outra maneira de fazer com que você seja encontrado no LinkedIn.

Enquetes

Já que a mídia social tem tudo a ver com participar de conversas, a ferramenta Enquetes é uma maneira realmente fácil de conseguir opiniões sobre qualquer assunto de sua rede e estabelecer a si mesmo como um líder de ideias. É uma boa maneira de divulgar o seu nome e criar mais razões para as pessoas visitarem o seu perfil e conectar-se a você (o que faz crescer a sua rede) ou oferecer-lhe oportunidades. Além disso, o LinkedIn facilitou para você compartilhar a enquete sobre outras redes sociais, proporcionando a você ainda mais visibilidade.

Vá para *Mais > Obter Mais Aplicativos > Enquetes* e abra a página inicial Enquetes. Ali você poderá fazer uma pergunta e especificar até cinco escolhas de respostas. Você pode então selecionar campos para compartilhá-la no LinkedIn (como na atualização do seu status e em até 50 grupos que você faz parte), em seu mural do Facebook e no Twitter. Você também pode obter um link para colocar em seu blogue ou assinatura de e-mail e fisgar algum código de HTML para colocá-lo em seu site. Enquetes são rápidas e fáceis de criar, e são uma maneira a mais para divulgar o seu nome e obter mais visibilidade.

Incremente o Perfil com Aplicativos Bacanas

Existem mais aplicativos que podem tornar o seu perfil uma expressão mais completa de quem você é e uma experiência mais rica para os seus usuários. Dê uma olhada em cada um e adicione aqueles que criam o maior valor para você.

Outros aplicativos que podem ser adicionados ao seu perfil incluem:

E-Bookshelf. Para ler lições de carreira e de negócios rápidas e concisas dos principais especialistas.

My Travel by TripIt. Para ver onde a sua rede de LinkedIn está viajando e quando você estará na mesma cidade que os seus colegas.

Real Estate Pro. Para acompanhar novas ofertas de imóveis e espaços disponíveis e seguir informado a respeito dos negócios fechados em sua área.

Legal Updates. Para conseguir notícias sobre leis que importam para você e o seu negócio.

Lawyer Ratings. Se é um profissional na área jurídica, você pode exibir sua *Martindale-Hubbell Peer Review Ratings* e *Client Review Ratings* para validar suas credenciais.

Portfólio Display. Divulgue o seu trabalho criativo no seu Perfil LinkedIn com este aplicativo que mantém um conteúdo de multimídia ilimitado.

* * *

Dê uma olhada em todos esses aplicativos gratuitos e veja o que pode adicionar ao seu perfil para oferecer valor para os seus visitantes, sua inserção no mercado e sua credibilidade. No mundo online, conteúdo é tudo. Que tipo de conteúdo você pode oferecer aos seus leitores que para solidificar a sua marca e estabelecê-lo como um especialista? Olhe os artigos e as apresentações, e então transforme o seu perfil em um minisite que o promove. Agora vamos olhar para outras seções que você pode adicionar ao seu perfil para diferenciá-lo dos concorrentes.

Capítulo 5: Toques Finais: Criando um Perfil Fantástico

A esta altura, praticamente, terminamos de adicionar as seções que formam um perfil de classe mundial. A seguir, algumas áreas importantes, para você preencher a fim de tornar o seu perfil o melhor possível.

Competências & Especialidades

Há uma seção chamada Competências & Especialidades onde você pode listar uma ampla gama de suas competências. Vá para *Perfil > Editar Perfil*, procure por *Competências & Especialidades*, e em *Adicionar uma Competência*. Comece digitando uma competência e o LinkedIn vai sugerir uma competência de um menu suspenso. Se ele não sugerir uma competência, não há problema; apenas acrescente a competência que você quer exibir. Por exemplo, eu tenho muitas competências de LinkedIn que incluem Gerenciamento de Grupo LinkedIn. Esta não foi uma das competências sugeridas, então eu mesmo a acrescentei.

Listar as suas várias competências é outra maneira de demonstrar o seu valor para parceiros e clientes potenciais, portanto, adicione o maior número possível delas. Também lembre-se de que tudo no seu perfil contribui para que você seja encontrado nas pesquisas no LinkedIn. Quando você acrescenta competências com suas palavras-chave, você aumenta as chances de estar no topo quando as pessoas buscam a sua especialidade.

Outra maneira de adicionar competências ao seu perfil é através da página Competências & Especialidades (ver Figura 5-1). No menu superior, vá para *Mais* > *Competências* & Especialidades e estará na página inicial de Competências & Especialidades. Você verá um campo de texto vazio onde pode inserir uma de suas competências, então clique no botão *Pesquisar*.

Isso vai levá-lo para a página dedicada expressamente a esta competência em particular, proporcionando uma perspectiva de todo o LinkedIn focado sobre aquela área de especialidade. Você verá:

- O botão azul *Adicionar Competência*. Selecione-a para adicioná-la diretamente à seção Competências & Especialidades do seu perfil.
- Uma lista de competências relacionadas à esquerda que pode considerar adicionar direto ao seu perfil.
- Uma definição da competência no centro da página.
- Uma lista de perfis das suas conexões que exibem aquela competência em particular.
- Grupos devotados àquela competência que pode aderir direto daquela página.
- Empresas que são relacionadas àquela competência.

A página Competências & Especialidades é um bom lugar para explorar seu setor e adicionar competências ao seu perfil.

Outro aspecto da ferramenta Competências & Especialidades interessante é chamado de Endossos. Lembre-se de que eu estava dizendo no Capítulo 3 como é importante conseguir provas sociais para criar uma marca bem-sucedida no LinkedIn? Bem, esta ferramenta permite que os integrantes do LinkedIn endossem as competências e especialidades uns dos outros. Endossar a competência de uma pessoa é como dar uma recomendação; entretanto, não há texto, e é algo muito mais simples e rápido de se fazer.

Para recomendar as competências de um colega de LinkedIn, simplesmente vá até a seção Competências e Especialidades do perfil daquela pessoa. Examine a sua lista de competências e passe o mouse sobre aquela competência, e o texto mudará para *Recomendar*. Clique sobre aquela competência e o texto mudará para Recomendado! e seu rosto sorridente aparecerá então como um endossante bem ali no perfil. Então não apenas você ajuda o seu amigo a ganhar mais provas sociais, como ganha em exposição e disseminação da sua marca ao ter sua foto no perfil dele. Além disso, quando alguém clica na sua foto, uma janela vai aparecer com o seu nome, título profissional e dois hyperlinks que dizem *Ver Perfil* e *Convidar para Conectar*. Isso vai permitir que mais usuários visitem o seu perfil e o convidem a tornar-se uma conexão.

Como mostra o Capítulo 3 a respeito de pedir recomendações, você também deve acrescentar ou pedir por endossos à sua estratégia de LinkedIn. A seguir algumas diretrizes a serem seguidas:

1. **Endosse outros primeiro e endosse honestamente**
   Você pode começar endossando as pessoas que estão na sua rede primeiro, antes de pedir por endossos (lembre-se: doadores recebem!). Você estará ajudando seus amigos a verem onde estão os pontos fortes deles. Mas não exagere e endosse todas as competências que eles listaram. Reflita um pouco e destaque as áreas de especialidade que você está disposto a dar o seu testemunho. Aqueles que você endossar serão notificados a respeito de suas ações generosas, o que significa que eles podem então passar a endossá-lo.
2. **Comece com seus amigos mais conhecidos**
   Notifique as pessoas que conhece e confia sobre a ferramenta de Endosso. Diga a elas que você endossou as suas competências, e pergunte se elas não poderiam escolher algumas das suas competências para endossar. Escolha as pessoas que você conhece bem, e desta maneira você pode lentamente começar a adicionar endossos.
3. **Nada de spam**
   Em uma situação como essa não saia mandando e-mail para todos com quem você está conectado, pedindo por endossos. E-mails em massa são considerados spam no LinkedIn e tipicamente ignorados. Foque os seus pedidos da mesma maneira que você foca todas suas comunicações no LinkedIn apenas para as pessoas que você quer atingir.

Idiomas

O mundo está ficando cada vez menor, e as pessoas que falam muitos idiomas estão em grande demanda. Certifique-se de que adicionou seus idiomas indo para *Perfil > Editar Perfil*, então indo para Idiomas e clicando em + *Adicionar um idioma*. (Ver Fig. 5-2).

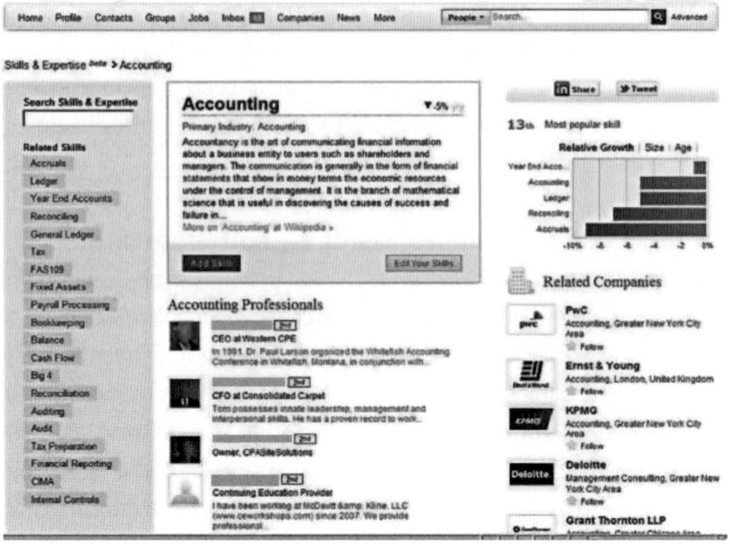

Figura 5-1. Na página de Competências & Especialidades adicione competências ao seu perfil e também leia uma ampla gama de informações relacionadas às suas competências de muitas seções do LinkedIn.

Formação Acadêmica

Vá para *Perfil > Editar Perfil > Formação Acadêmica* e preencha com os lugares onde estudou, clicando em *+ Adicionar uma Instituição de Ensino*. Você também pode adicionar atividades e sociedades dos seus dias de estudante. É importante adicionar a sua instituição de ensino por várias razões. Quando procurando por maneiras para incrementar as suas conexões, o LinkedIn exibirá todos os estudantes que estavam na sua instituição de ensino na mesma época que você e proporcionará a oportunidade de conectar-se com eles. Isso vai possibilitar que você comece a expandir as suas conexões. Se não preencher sua instituição de ensino, você perderá esta maneira valiosa de começar a adicionar conexões.

E se você não tem muita experiência de trabalho, o LinkedIn adicionará recomendações ao seu perfil direto dessa seção. Talvez um professor concorde em escrever uma recomendação que lhe possibilite completar o seu perfil. Eu focaria na inclusão de faculdades; adicione a sua escola de segundo grau se esta for a sua única opção.

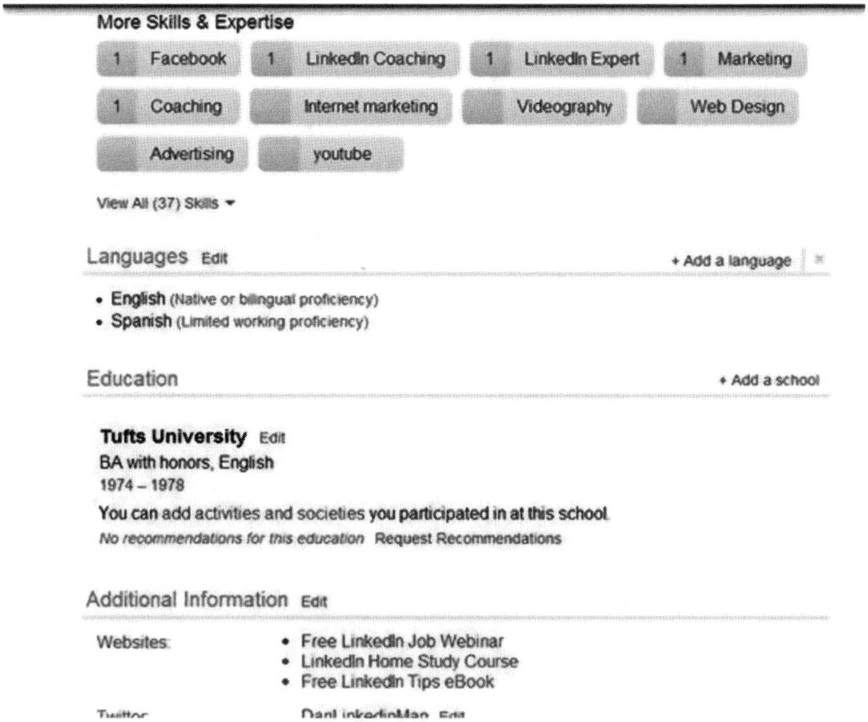

Figura 5.2. Adicionar e completar várias seções possibilitará ter um perfil completo. As seções para Competências & Especialidades, Idiomas, Formação Acadêmica e Informações Adicionais são mostradas.

Contato

Esta é uma seção fundamental que está em *Perfil > Editar Perfil.* Próximo de *Contato* (Seu nome) há um hyperlink azul à direita *Editar Informações de Contato.* Clique sobre ele para abrir um formulário onde você pode explicar para sua rede como quer ser contatado (ver Figura 5-3).

Primeiro, selecione qual tipo de mensagens está aberto a receber. Escolho a primeira opção, dizendo que estou aberto a todos os tipos de mensagens, já que é para isso que o LinkedIn serve... conectar com pessoas. Segundo, você seleciona suas Preferências de Oportunidades, que diz para a sua rede que tipos de oportunidades você quer receber. Isso inclui oportunidades de carreira, novos empreendimentos, pedidos em relação à sua especialidade, e por aí afora. Eu selecionei todas as opções, já que eu quero permanecer aberto a tudo (como é possível ver no meu exemplo a seguir).

Por fim, sob *Preferências de Oportunidades,* há um campo de texto no qual você pode aconselhar as pessoas sobre como e porque contatá-lo. Eu uso o meu para promover o meu negócio e grupos do LinkedIn. Este campo serve para estabelecer e promover sua marca e dizer ao mundo como você pode ajudar as pessoas. A seguir veja o meu como exemplo:

Contate Dan:

1. Se você tem interesse em tornar-se mais competente no uso do LinkedIn para alcançar suas metas, posso instruí-lo e aos seus colegas de trabalho. Mostrarei a você como usar o poder incrível do maior recurso de negócios do mundo para alcançar qualquer uma de suas metas de carreira e negócios.
2. Por favor, junte-se aos meus grupos Link Success with Dan Sherman e Tampa Bay Marketing Professionals.
3. Ligue para mim para combinarmos uma consulta telefônica gratuita e sem compromisso.
4. Faça cada dia valer a pena. Isto não é um ensaio.
   - oportunidades de carreira
   - ofertas de consultoria
   - novos empreendimentos
   - consultas de emprego
   - negócios
   - pedidos de referências
   - retomar contato

É possível mudar esta seção quantas vezes você quiser à medida que suas prioridades mudam e você busca oportunidades diferentes. Lembre-se de clicar no botão azul *Salvar Mudanças* quando terminar de editar esta parte.

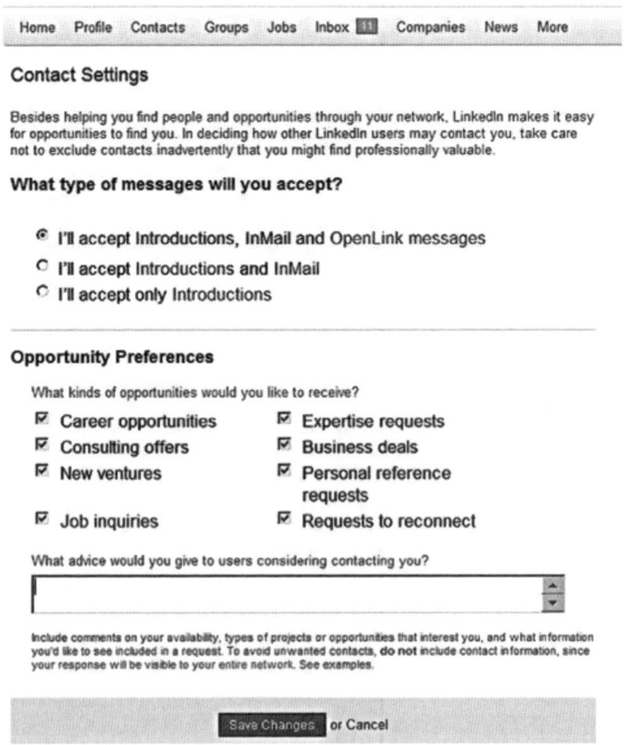

Figura 5.3. O campo de Configurações de Contato permite selecionar opções para os tipos de mensagens que pode receber, para quais tipos de oportunidades quer ser contatado, e um campo de texto onde é possível escrever uma nota para outros profissionais, descrevendo quais oportunidades você quer encontrar no LinkedIn.

Informações Pessoais

Por fim, há também uma seção chamada *Informações Pessoais* para preencher. Vá para *Perfil > Editar Perfil*, encontre a seção, e clique em *Editar*. Nesse campo você pode adicionar o quanto desejar, como seu telefone, endereço, mensagem instantânea, aniversário e estado civil. Você é quem decide o que quer colocar neste campo. Eu coloquei meu número de telefone, minha cidade e meu aniversário (não o ano). Se está procurando um emprego ou mesmo qualquer tipo de trabalho, acho que é importante colocar o seu número de telefone, mas só você pode decidir como quer lidar com suas informações particulares.

* * *

Adicionar seções ajudará a tornar o seu perfil uma ferramenta de marketing completa. Ao fazer isso, você torna o seu perfil muito mais rico e útil para os seus leitores. Agora, voltemos nossa atenção para um dos principais chavões que se ouvem na área de marketing na internet: *palavras-chave*. Você quer descobrir quais são as palavras-chave que as pessoas estão usando para encontrar alguém com os seus talentos e competências, e então adicioná-las a lugares específicos no seu perfil. Siga-me e aprenda exatamente como fazer isso.

Capítulo 6: Tudo sobre Palavra-chave: Otimizando o Perfil para Ser Encontrado

Todo mundo tem uma marca. Como você quer ser conhecido? Qual a sua especialidade? O que o diferencia dos outros? Uma vez que tenha decidido e escrito algumas palavras, então você pode criar o seu perfil no LinkedIn de tal maneira que, quando as pessoas estiverem procurando por alguém com estas competências, o seu perfil será número 1, ou pelo menos estará na primeira página.

Não seria ótimo se as pessoas o encontrassem em vez de você ter de fazer isso? Neste capítulo você aprenderá como fazer isso acontecer, e eu começarei usando a mim mesmo como exemplo.

Quero ser conhecido como um Especialista em LinkedIn. Hoje, tenho 23 milhões de pessoas em minha rede, e quando faço uma pesquisa simples (colocando Especialista em LinkedIn no campo de pesquisa no canto superior direito próximo de Pessoas), obtenho mais de 9 mil resultados para este termo e meu perfil aparece como número 1. Como resultado, recebo oportunidades de mídia e pedidos de consultoria apenas pelas pessoas me encontrarem.

Tenha em mente que a sua pesquisa seria diferente. Se você buscar por Especialista em LinkedIn mas não estou em sua rede, eu não vou aparecer, é claro. Mas dentro da minha rede, eu apareço. E isso significa que mais pessoas vão clicar em meu perfil, visitar meus sites, baixar meu folheto e artigos, e por aí afora. A razão porque apareço primeiro é que otimizei meu perfil adicionando o termo Especialista em LinkedIn e LinkedIn em vários lugares-chave. Agora veremos exatamente como você pode aparecer na primeira página das pesquisas no LinkedIn de maneira que fique conhecido como o especialista, ganhando credibilidade e *status* de autoridade, e conseguindo a venda ou emprego ou o que quer que esteja procurando.

Quatro Lugares Necessários para Palavras-chave

O primeiro passo é escolher as palavras-chave. Pelo que você quer ser encontrado? Em seguida, otimize o seu perfil colocando as palavras-chave nos quatro principais lugares que o ajudarão a aparecer como o número 1 para as palavras-chave que descrevem a sua marca ou especialidade. Assim que fizer essas mudanças no perfil, você verá alguns resultados instantâneos em como aparece nas pesquisas no LinkedIn.

Quando estiver pronto para otimizar o seu perfil, aqui vão os quatro lugares para colocar as palavras-chave para instantaneamente subir de posição nas pesquisas do LinkedIn:

1. **Título**
   Como discutido no Capítulo 2, torne o seu título uma declaração de benefícios, como:
   "Ofereço o Treinamento de TI mais Completo e Acessível no Estado de Nevada".
   Ou, se você faz várias coisas, as inclua com letras maiúsculas e use o símbolo | (aperte Shift e \, simultaneamente), como "Web Designer | Artista Gráfico | Programador | Autor".
   Ambas as maneiras funcionam, pois dizem para as pessoas como você pode ajudá-las. Apenas certifique-se de que incluiu a sua marca ou palavra-chave no título, pois este é um dos principais lugares que o LinkedIn considera quando o classifica em pesquisas. Você verá em meu perfil que as primeiras palavras são LinkedIn Expert.

2. **Experiência de Trabalho Atual**
   O segundo lugar que o LinkedIn procura é na sua experiência de trabalho atual, portanto, certifique-se de que os seus títulos de trabalhos atuais tenham a palavra-chave proeminentemente exibida.

Uso as palavras *LinkedIn Expert* e *LinkedIn* nos meus títulos de trabalho atuais, e isso me ajuda com minha classificação.

Vejo muitas pessoas usarem *CEO* ou *Presidente* como títulos de trabalho. Se é exigido de você através de uma política da empresa que você tenha isso no seu título de trabalho do LinkedIn, ou se você simplesmente prefere assim, então deixe como está. Mas se está muito interessado em aparecer primeiro nas pesquisas no LinkedIn, você precisará mudar isso para uma palavra-chave, para algo que faz em vez de como é chamado.

3. **Experiência de Trabalho Passada**

Assim como em seus trabalhos atuais, você quer que os trabalhos passados tenham a sua palavra-chave no título do trabalho para elevar suas classificações. Então, talvez você não tenha um "trabalho" passado com aquela palavra-chave. Simples: as coisas que lista como "trabalhos" não precisam ser trabalhos em turno integral. Se você prestou consultoria ou trabalho voluntário naquele campo, ou qualquer coisa que possa colocar como um "trabalho" no LinkedIn e que tenha aquela palavra-chave, já basta.

Em meu perfil, tenho como trabalhos passados algumas consultorias de curto prazo no LinkedIn, assim como palestras. Isso possibilita que eu use o termo "LinkedIn Expert" em *Experiências Passadas* e suba meu perfil nas classificações. Você deveria tentar colocar vários trabalhos passados com suas palavras-chave nos títulos de cargos.

4. **Resumo**

Este é o lugar para fazer o comercial de sua marca. Lembre-se de fazê-lo impelido por valores e centrado em benefícios; mostre como você ajuda as pessoas e como elas podem chegar a você e contratá-lo. Acrescente algo pessoal nesta seção. Por exemplo, eu descrevo minha filosofia de vida. As pessoas querem fazer negócios com quem elas conhecem, então acrescentar algum pensamento pessoal é interessante.

No seu resumo, adicione as palavras-chave de sua marca para certificar-se de que você aparece em uma posição alta nas classificações de pesquisa. Não coloque muitas palavras-chave, pois seu resumo não é legível como frases. Trabalhe-as para que ele ainda possa ser lido de maneira fluente e correta. Você tem 2.000 caracteres para usar, e sugiro que use todos.

Pesquise Seus Concorrentes

Vá em frente e faça essas mudanças hoje. Para começar o processo, sugiro fortemente que você faça uma pequena pesquisa primeiro indo para o campo no canto superior direito da tela, selecionando *Pessoas*, pesquisando sua palavra-chave, e vendo se você aparece na primeira página. Então, adicione as palavras-chave como sugeri, confira novamente e veja se você aparece nela.

Quando fiz isso com um treinador de vendas, nós pesquisamos sua palavra-chave e ele não estava em lugar nenhum. Quando acrescentamos *Treinador de Vendas* nos quatro lugares que mencionei, seu perfil imediatamente apareceu no número cinco. Também ajudei recentemente um especialista em computadores que queria ser encontrado nas pesquisas no LinkedIn, mostrando a ele onde colocar sua especialidade, Microsoft Access, nos quatro lugares fundamentais. Ele me disse que antes não aparecia nas pesquisas, mas depois o seu foi o primeiro perfil localizado quando aquele termo era procurado.

Uma dica: ao fazer uma pesquisa competitiva, confira os perfis das pessoas que aparecem nas primeiras posições para sua palavra-chave. Você verá a palavra-chave que pesquisou destacada, e pode ver porque estas pessoas apareceram na sua frente. Quantas vezes elas têm a palavra-chave no título? No resumo? Nos trabalhos passados e atuais? Nas especialidades? Na realidade, você pode contá-las, e isto criará um *benchmark*.

Siga a dica deles: adicione a sua palavra-chave no seu perfil nos lugares que eles têm nos seus perfis e use parte da sua metodologia. Logo, se continuar aperfeiçoando o seu perfil, você terminará à frente deles nos resultados de pesquisa.

A sua meta é ser o número 1 para o seu termo de pesquisa. Então você será contatado para consultorias, palestras, ou outros tipos de trabalhos quando as pessoas estiverem procurando a sua especialidade.

Estratégias de Otimização Avançadas

A colocação de palavras-chave é realmente importante para aparecer em uma posição alta nas classificações de pesquisa, mas outros fatores também entram em jogo. Você terá uma classificação mais alta se tiver mais recomendações e mais conexões, portanto, trabalhe esses quesitos assim como sua otimização de palavras-chave. Ter um perfil pago também ajuda a ter uma classificação mais alta. Então se puder obter uma conta *premium*, eu o recomendaria.

Outros Lugares para Otimizar o Perfil

As quatro áreas que mencionei são os lugares mais importantes para inserir suas palavras-chave para ter uma classificação alta nas pesquisas. Mas também é possível otimizar o perfil tendo as suas palavras-chave aparecendo nos seguintes lugares:

- **Recomendações.** É interessante ter suas palavras-chave nas recomendações que você recebe, à medida que isso contribui para a otimização do seu perfil. Esta é a razão para enviar alguns pontos fundamentais com suas palavras-chave para as pessoas que concordam em recomendá-lo, ou mesmo escrever a recomendação inteira para elas e inserir suas palavras-chave.
- **Sites.** Otimize a seção dos sites, lá é permitido colocar três sites. Coloque uma "chamada à ação" para descrever o seu site, e use suas palavras-chave. Todos os meus três sites têm o termo *LinkedIn*, que é uma das principais palavras-chave pelas quais eu quero ser encontrado.
- **URL de perfil público.** Otimize o seu URL de perfil público. Vá em *Perfil* > *Editar Perfil*, e na parte inferior do seu principal campo de informação, você verá um pequeno logo "in" do LinkedIn junto ao URL do seu perfil e o hyperlink *Editar*. Clique sobre ele, vá para a página do *Perfil Público*, e encontre a caixa à direita chamada *URL de perfil público*. Você pode adicionar a sua palavra-chave ao fim do seu URL, como eu fiz (a minha é *linkedin/in/linkedinspeaker*).
- **Grupos.** Entre para grupos com sua palavra-chave no título, já que sua lista de grupos aparece no perfil. É possível participar

de até 50 grupos, então você pode ter muitos com a sua palavra-chave.

- **Competências.** Adicione as suas palavras-chave na seção *Competências & Especialidades*. Adicione-as automaticamente indo para *Mais>Competências & Especialidades* no menu da barra superior e inserindo-as na página de Competências & Especialidades.
- **Interesses.** Aqui é outro bom local para otimizar o seu perfil, embora eu veja muito poucas pessoas usando isso como estratégia. Eu o uso para ser encontrado em pesquisas no LinkedIn, e é muito eficaz. Na área de *Interesses* na seção de Informações Adicionais, você tem uma área de texto onde pode escrever mais sobre quais são os seus interesses. Coloque suas palavras-chave definitivamente neste local, mas a seguir uma ideia diferente. No meu perfil, eu listo o LinkedIn porque usando o termo me ajuda com a otimização. Mas nesta área também coloco os nomes de todos os especialistas em mídias sociais e LinkedIn que eu sigo e que têm um reconhecimento de marca alto. Eu estou interessado neles, portanto isso faz sentido. Mas ao ter os seus nomes no meu perfil, eu também sou encontrado quando as pessoas estão procurando por eles. Talvez alguém esteja procurando um palestrante de mídias sociais e quando esta pessoa procura por outro especialista pelo nome, eu apareço. Se eu estou disponível para falar e o outro especialista não está, eu posso me colocar na disputa pela oportunidade. Se você estiver interessado nessa estratégia, pesquise suas palavras-chave. Encontre os nomes de todos os especialistas que aparecem na primeira página, e então adicione os seus nomes como seus interesses.

Onde Não Otimizar o Perfil

Se der uma olhada no LinkedIn, você encontrará perfis nos quais a pessoa buscou otimizar o campo do seu nome. Por exemplo, adicionar nomes junto ao seu nome, como:

Billy Bob Thornton | Amante de Tatuagens | Espírito Livre | Estrela do Cinema | Músico

Recomendo não colocar nada a mais no campo do nome como palavras--chave, números de telefone ou endereços de e-mail, pois isso é contra os Termos e Condições (T&Cs) do LinkedIn e você realmente não quer ter problemas com eles. Vou contar uma história como exemplo disso.

Certa feita, tive de contatar o serviço ao cliente com uma pergunta. Na época, eu havia otimizado o campo do meu nome com:

Dan Sherman | Palestrante e Instrutor

Recebi uma nota do serviço ao cliente, não com uma resposta a um pedido, mas com uma advertência rigorosa de que eu estava violando os T&Cs deles com o campo do meu nome. Então tive de mudá-lo e reescrever minha pergunta, a qual eles responderam, mas foi um atraso para mim. Agora, muitas pessoas otimizam o campo do seu nome ou mesmo adicionam o número do seu telefone, endereço de e-mail ou LION[1] (ver Capítulo 7), mas para mim, meu nome já é exposição de marca suficiente.

Tenho confiança no meu nome como minha marca, não preciso embelezá-la, e quero ficar do lado certo das regras do LinkedIn. Estou compartilhando minha experiência para que você tire as suas próprias conclusões a esse respeito.

Movendo Seções no Perfil

Trabalhar o seu perfil é um processo contínuo. Você nunca o terminou realmente, já que sempre há maneiras de otimizá-lo e melhorar o seu conteúdo. Como estratégia experimente mudar de lugar seções inteiras, até que elas estejam na ordem que melhor se adequar às suas necessidades.

Abordamos este assunto brevemente antes, mas eu quero repassá-lo novamente porque é realmente importante modificar o seu perfil de maneira que ele se encaixe nas metas da sua carreira, e não apenas deixe seções em suas posições-padrão.

Assim que tiver construído um perfil muito robusto com seções e aplicativos, decida o que é o mais importante para as pessoas verem quando chegarem ao seu perfil. Você pode arrastar e largar seções inteiras como o Resumo, Aplicativos ou Experiência simplesmente passando o mouse sobre o título da seção, esperando até que apareça o retículo, um

[1] LinkedIn Open Networker. (N. T.)

símbolo de mira, e arrastando as seções para onde quiser no seu perfil (verifique se está no modo Perfil > Editar Perfil).

Pessoalmente, coloco os aplicativos primeiro em meu perfil, já que gosto de ter meus vídeos de testemunhos e artigos para baixar bem no centro. Uma palavra sobre a seção de Aplicativos: o campo que contém seus aplicativos se desloca como uma unidade. Você não pode deslocar, digamos, SlideShare para o topo o seu perfil e colocar Box.net na parte de baixo. Todo o bloco de aplicativos vai junto. Acho isso uma pequena inconveniência.

Já vi pessoas colocarem sua seção de Informações Pessoais primeiro, porque elas querem suas informações de contato proeminentes; outras colocam sua Experiência primeiro para exibir as conquistas da sua carreira; outros ainda colocam seu Resumo à frente. Isso depende apenas das suas metas no LinkedIn. O que quer que o seu cliente, parceiro, investidor, comprador, ou gerente em potencial veja primeiro? Você deve arranjar suas seções na ordem que melhor lhe posicionarem para seu público-alvo.

* * *

Agora que adicionou seções e aplicativos e preencheu completamente o seu perfil, você criou o seu pequeno espaço próprio no LinkedIn do qual pode se orgulhar. Ele exibe verdadeiramente tudo que você é capaz de oferecer ao mundo, e você quer que todos que possam vir a fazer negócios com você deem uma olhada em seu perfil e compartilhem todas as informações. Apenas as pessoas que estão na sua rede podem ver o seu perfil, então como você pode aumentar a sua rede ao máximo de sua eficácia? A seguir explicarei como criar uma rede de primeira classe que será a pedra fundamental da sua estratégia no LinkedIn.

Capítulo 7: Seu Rolodex Virtual: Aumente a sua Rede de Contatos

Como palestrante profissional, sempre procuro maneiras de melhorar minhas competências, e por um longo tempo fui integrante da maior organização de palestrantes dos Estados Unidos, a *National Speakers Association*. Em um ano, a nossa conferência nacional ocorreu em Orlando e um dos apresentadores foi Harvey Mackay, o famoso autor e bem-sucedido empresário. Ele estava promovendo o seu novo livro sobre networking, *Dig Your Well Before You're Thirsty*. Um mestre em networking, Harvey Mackay instava-nos a assegurar que não importa o estado da nossa situação atual de trabalho, nós devemos estar sempre adicionando contatos ao nosso banco de dados de maneira que tenhamos as pessoas de que precisamos quando estivermos prontos para buscar parceiros, empregadores, conselheiros, investidores, e qualquer pessoa que possa nos ajudar.

Para mim esta é a magia do LinkedIn. Ao participar do site, você está construindo ativamente um banco de dados enorme de profissionais mundo afora que podem lhe ajudar quando surgir uma necessidade. Se está começando agora no LinkedIn ou é ativo na mídia há algum tempo, você pode checar sua rede indo até a barra de ferramentas superior e clicando em *Início > Página inicial do LinkedIn*. Aproximadamente na metade da página, na coluna da direita, você verá: Sua Rede LinkdIn, onde há o número total de suas conexões de primeiro nível, outro número revelando o total de pessoas que estão na sua rede (conexões de primeiro, segundo e terceiro níveis combinadas), e quantas pessoas novas aderiram à sua rede recentemente.

500 é o Número Mágico

Confira o seu número de conexões de primeiro nível e veja o que há ali. Se não é um número robusto, não se preocupe. Há várias maneiras de fazer crescer o número de suas conexões. O seu primeiro objetivo é conseguir pelo menos 500 conexões. Isso ocorre porque o número de suas conexões LinkedIn está proeminentemente exibido no campo de informações de cima no seu perfil, onde as pessoas examinam primeiro quando elas querem conhecê-lo. Se você tem menos de 500 conexões – digamos 100 – as pessoas presumirão que você não é uma pessoa bem conectada. Isso pode rotulá-lo como alguém que não tem muito valor quando elas estão decidindo se querem adicioná-lo à sua rede de LinkedIn ou mesmo contratá-lo ou trabalhar com você.

Até você ter 500 conexões, você não será percebido como um usuário de LinkedIn realmente ativo, e consequentemente não como uma conexão potencial forte ou um "jogador" no mundo do LinkedIn. Mas assim que chegar ao número 500, o LinkedIn para de contar no seu perfil e coloca "500+". Isso significa que você poderia ter 501 ou 5001 conexões; ele ainda assim vai dizer "500+". Tente chegar a 500 o quanto antes de maneira que você esteja "dentro do clube".

Adicionar conexões traz outros benefícios. Quando você se conecta com mais pessoas, isso se estende às suas conexões em segundo e terceiro níveis até que você esteja literalmente conectado a milhões de profissionais mundo afora. (Em torno de 50% dos usuários do LinkedIn estão nos Estados Unidos; os outros estão espalhados pelo mundo todo). Isto significa que há milhões de pessoas que podem encontrá-lo, contratá-lo, oferecer-lhe oportunidades de publicidade, fazer parcerias, investir em sua empresa e ajudá-lo com qualquer meta de negócios que você possa ter. Sem uma rede grande, você não terá muitas pessoas que possam contatá-lo, ler o seu perfil, conhecer ou trabalhar com você.

Ter uma rede grande torna-o uma conexão desejável e alguém que as pessoas desejarão adicionar a sua rede. Isso porque ao conectarem-se com você, as pessoas aumentam sua rede de conexões. As suas conexões de primeiro nível tornam-se as conexões de segundo nível delas, e as suas conexões de segundo nível tornam-se as de terceiro nível delas.

Conectar-se ou Não

O debate sobre se devemos nos conectar com pessoas que não conhecemos ou conectar-se somente com as conhecidas, às vezes, assume a seriedade de um solilóquio de Shakespeare que começa com "Ser ou não ser". Você encontrará proponentes em ambos os lados. Mas para mim, não há discussão. Estou firmemente no campo dos "networkers receptivos", e acredito que você deveria se conectar com todos que puder. Fazer isso simplesmente expande a sua rede e suas oportunidades. Você pode conhecer mais perfis e contatar mais pessoas, e mais pessoas podem contatá-lo. A conexão intensiva acelera e incrementa todas suas metas de networking.

Se você se conectar somente às pessoas que conhece, pessoas na sua cidade, ou aquelas com quem cresceu junto, ficará preso naquele mesmo círculo e não será exposto a novas oportunidades. Um grande exemplo nesse sentido aconteceu comigo recentemente quando me conectei a um guru de networking da Inglaterra. Ele visitou meu perfil e viu que eu era bem versado em LinkedIn, e me convidou para uma entrevista no seu podcast sobre networking.

Fiz a entrevista, e agora pessoas na Inglaterra me conhecem e aos meus produtos e serviços e estão comprando meus cursos online. Se tivesse negado seu convite de conexão porque não o conhecia, não teria tido a oportunidade, e este é apenas um dos muitos exemplos da minha experiência. Recebo pedidos de consultoria do Japão, Tchecoslováquia e Índia, assim como de toda parte do velho e bom Estados Unidos porque sou um networker receptivo e trabalho para ampliar minha rede com pessoas do mundo todo que não conheço.

Como Conseguir mais Conexões

Vamos chegar ao cerne da questão: quem eu convido, e como? Primeiro, saiba que o LinkedIn distribui a todos usuários novos 3.000 convites para usar para conectar-se a pessoas, e limita os usuários a 30.000 em termos de quantas conexões de primeiro nível nós podemos ter. Os 3.000 são flexíveis porque, quando uma pessoa acaba com seus convites, ela pode escrever para o Serviço ao Cliente clicando no hyperlink *Central de Ajuda* no menu na parte inferior de qualquer página e solicitar mais. O número

30.000 é fixo; não vi o LinkedIn abrir mão disso ainda (e, sim, eu tenho um contato com 30.000 conexões).

Já me distribuíram mais convites quatro vezes. Tomo todo cuidado para manter uma boa relação com o LinkedIn, no sentido de que eu sigo as regras e escrevo a eles uma nota simpática pedindo mais convites. O número de redistribuições varia; antes de eu ter uma conta *premium*, eu recebi algumas centenas a mais de convites de cada vez. Após eu ter uma conta *premium*, no meu quarto pedido, recebi 3.000 convites a mais para usar.

Evite o Temido *Denunciar Spam*

Também me certifico para não manchar meu histórico convidando somente pessoas que eu tenha praticamente certeza de que se conectarão comigo. Esforço-me para não receber nenhum *Denunciar Spam*. Isso acontece quando você convida alguém e esta pessoa clica em *Denunciar Spam*. Quando recebe alguns desses, você entra na lista negra do LinkedIn; o site coloca restrições sobre a sua conta, e isso lhe prejudica quando pedir mais convites.

Como evitar o *Denunciar Spam*? Convido pessoas que conheço ou convido especificamente outros networkers receptivos. Conectores receptivos têm um código: eles nunca clicam em *Denunciar Spam* quando eles recebem um convite, não importa de quem seja. Eu falarei mais tarde sobre como encontrar networkers receptivos, à medida que eles serão cruciais para você em termos de construir uma grande rede.

E se você convida alguém e essa pessoa nunca responde? Você pode tomar o convite de volta e convidar outra pessoa? A resposta é sim. Clique sobre *Contatos* na barra de menu superior, e o LinkedIn exibirá todas suas conexões de primeiro nível. Bem na parte de baixo, você verá um hyperlink que diz *Convites enviados*. Clique sobre ele e verá todas as pessoas que já convidou e se cada uma aceitou o seu convite ou não. Se você vir alguém que não o aceitou, você pode clicar sobre o convite e revê-lo, então clicar em um botão que diz *Remover*. A pessoa não é notificada, e você recebe o convite de volta. Se as pessoas não respondem, isto pode dizer que elas não querem se conectar, ou pode ser que elas não conferem a sua caixa de entrada do LinkedIn com frequência. Tente enviar um e-mail comum para avisar que está tentando conectar-se com elas.

Como Começar a Convidar Contatos

O lugar para começar é a barra de ferramentas superior. Clique em *Contatos > Adicionar Conexões*. Você observará *Veja quem você já conhece no LinkedIn* e um lugar para colocar um endereço de e-mail (ver Figura 7-1). Quando colocar o seu próprio endereço de e-mail e senha e clicar em *Continuar*, o LinkedIn pesquisa o seu banco de dados de e-mail e encontra todos os seus contatos. Ele identifica quais pessoas já estão no LinkedIn, casando seu endereço de e-mail com suas contas de LinkedIn. Você verá um pequeno campo azul junto àqueles contatos que já estão no LinkedIn. Vá em frente e convide os seus contatos de e-mail que já estão no site. Não se preocupe com *spams* ou em perder o controle, pois o LinkedIn nunca convidará automaticamente pessoas na sua agenda de endereços; você precisa fazê-lo.

Você também pode importar uma lista de e-mails de programas como Outlook ou Apple Mail. Clique em *Outros e-mails* abaixo do ícone do envelope. Quando fizer isso, você verá uma seção chamada *Mais meios de se conectar*. Ali há dois hyperlinks. Clique sobre *Fazer upload do arquivo de contatos* e você pode navegar pelo seu disco rígido e carregar um arquivo. Clique em *Convite via e-mail individual* e um campo se abrirá, digite seus endereços de e-mail ou cortar e colar uma lista.

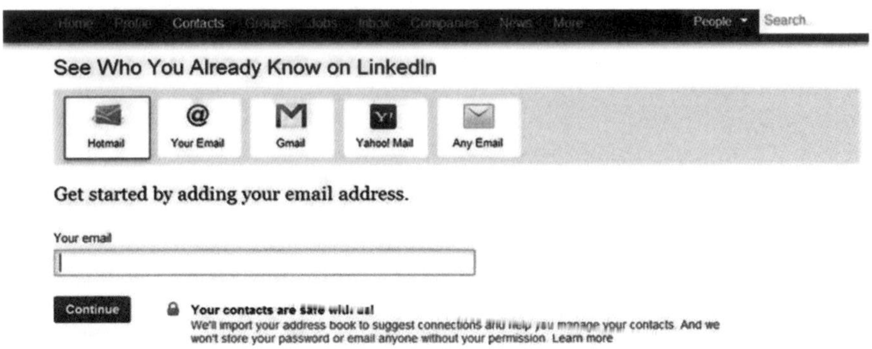

Figura 7-1. A aba Adicionar Conexões é a área para inserir seus endereços de e-mail e ver quem você conhece que já está no LinkedIn. Também nessa aba você poderá importar seus outros e-mails e convidar uma pessoa usando o endereço dela.

Quando estiver examinando a lista dos seus contatos atuais, recomendo que não convide ninguém para conectar-se a você que não esteja ainda no LinkedIn. É realmente desperdício de um convite porque esta pessoa não vai saber o que é o LinkedIn, e ela irá ignorá-lo, pensando que o site é algo sem sentido. (Se soubessem o que estão perdendo!). É preciso investir algum tempo para explicar para as pessoas que não estão no LinkedIn porque deveriam aderir a ele, então faça isso conforme sua necessidade (por exemplo, quando quer uma recomendação).

Pessoalmente, tenho resultados pouco conclusivos convencendo meus contatos de e-mail que não usam o LinkedIn a usá-lo. Algumas pessoas me sinalizaram que tomam muito cuidado com sua privacidade e se recusam a aderir a qualquer mídia social que seja. Outras dizem que têm um trabalho e não precisam de um site para procurar emprego (lembrem-se do Sr. Mackay). Como existem tantas pessoas usando o LinkedIn com quem me conectar, eu não desperdiço tempo algum tentando convencer as pessoas a aderirem ao LinkedIn para que eu possa me conectar a elas.

Se acha que vale a pena fazer o esforço, como no caso de pedir uma recomendação, o LinkedIn permite que você fique em contato com as pessoas mesmo que elas troquem de empregos; ele o ajuda a encontrar uma gama incrível de oportunidades através da sua ampla rede; é o construtor de marca pessoal mais poderoso no mercado; é um banco de dados gratuito para encontrar qualquer pessoa que queira encontrar; e ele é gratuito e fácil de aderir. Explique os benefícios e, se a pessoa estiver insegura, você deve simplesmente respeitar.

Vamos seguir em frente adicionando conexões. Vá para *Início > Página inicial do LinkedIn*, na coluna da direita vemos *Pessoas que você talvez conheça*. Clique no hyperlink + *Conectar* sob a primeira pessoa que você vir, e isso o levará para uma página com quatro abas no topo: *Adicionar Conexões*, *Colegas*, *Ex-alunos* e *Pessoas que talvez você conheça*.

A aba *Adicionar Conexões* leva para a página que nós já discutimos em Começar Convidando Contatos. É aí que você insere o seu endereço de e-mail, e o LinkedIn lhe informa quais dos seus contatos atuais já estão no site.

Clique sobre *Colegas*, e todas as pessoas com quem já trabalhou em cada empresa que listou em *Experiência* (seu histórico de trabalho) durante o tempo que você esteve lá aparecerão. Isso lhe proporciona uma maneira muito fácil de construir suas conexões, já que as conhece e elas estão no LinkedIn nesse momento.

Vá para *Ex-alunos* e essa aba traz uma tela exibindo todos os seus colegas de classe que frequentaram a instituição de ensino quando você estava lá. É por isso que é importante adicionar onde você estudou na seção de Formação Acadêmica. Novamente, essas serão as pessoas que você conhece que já estão no LinkedIn, e isso facilita o convite.

A aba final à direita é *Pessoas que talvez você conheça*. Dê uma olhada nela e veja se o LinkedIn identificou pessoas que você conhece que já estão no site. Se você as conhece, convide-as. Se você não reconhece nenhum nome, eu ignoraria isso. Você não quer se arriscar a receber um *Denunciar Spam* e manchar seu histórico no LinkedIn.

Clique de volta para a página mostrando as quatro abas e você descobrirá uma maneira de monitorar seus convites enviados. Bem à direita há o hyperlink *Ver Convites Enviados*. Este é o espaço que gerencia seus convites enviados e pode retirar alguns se preferir.

Lembre-se, quanto maior a sua rede, mais poderoso o LinkedIn se torna para ajudá-lo a atingir qualquer que seja a sua meta de negócios. Se você tem apenas 100 pessoas na sua rede porque você está feliz em conhecer cada pessoa e suas famílias mais profundamente, lembre-se que essas 100 pessoas provavelmente já lhe passaram todas as oportunidades de negócios, clientes potenciais e amigos que obterá com elas. Portanto, vale a pena ampliar suas conexões o máximo que puder.

Maneiras Criativas de Conseguir Mais Conexões

Uma vez que tenha verificado suas listas de e-mail, instituições de ensino e trabalhos passados, você deve ter uma base sobre a qual construir o seu banco de dados de conexões de primeiro nível. Quanto mais conexões tiver, mais pessoas são adicionadas à sua rede diariamente.

Incrementar as suas conexões deve tornar-se parte da sua rotina diária. A seguir algumas estratégias para conseguir mais conexões de primeiro nível no LinkedIn.

Networking

Se chegar em casa de um evento de networking com uma pilha de cartões de visita, não os enfie simplesmente em uma gaveta. Essas pessoas podem ser adicionadas ao seu banco de dados no LinkedIn. Na manhã seguinte ao evento, pegue os cartões, procure cada pessoa no LinkedIn, e veja quem ainda não é uma conexão de primeiro nível. Agora envie para cada pessoa um convite personalizado, e se o LinkedIn solicitar o endereço de e-mail da pessoa, você o tem ali mesmo no cartão. Ao fazer isso logo na manhã seguinte, a pessoa ainda não terá esquecido você.

Em relação ao convite personalizado, veja que o LinkedIn fornecerá uma mensagem padrão que você pode enviar que diz: "Eu gostaria de adicioná-lo à minha rede profissional no LinkedIn". Sempre que possível, se esforce para personalizar suas mensagens de conexão. Isso fará com que as pessoas que as recebem sintam-se bem mais valorizadas. Cada pessoa saberá que ela não é apenas mais um número no seu banco de dados, mas um ser humano vivo e diferente de qualquer outro no planeta. Então vá em frente e lembre como vocês se encontraram, o que o deixou impressionado a respeito delas, e como vocês poderiam trabalhar juntos. Por exemplo:

> Olá, Joe. Foi ótimo encontrá-lo ontem à noite no grande evento de caridade. Foi bem divertido, não é? O que dizer daqueles comedores de fogo e malabaristas? Apreciei nossa conversa a respeito da correlação entre a criação de uma empresa nova e a lei de Moore. Vamos tomar um café um dia desses e ver como poderíamos compartilhar algumas indicações? E, por favor, conecte-se a mim aqui no LinkedIn. Obrigado.

Na Internet

Se você tem um blogue pessoal ou site, tem um ótimo lugar para colocar um hyperlink para o seu perfil de LinkedIn. Use o seu URL de perfil público, em *Perfil > Ver Perfil* copie o link na parte de baixo do seu principal campo de informação.

Quando as pessoas clicam no link, são conectadas ao seu perfil e podem ler tudo ao seu respeito e como você ajuda as pessoas, e já que todo perfil tem um botão que diz *Conectar*, você pode conectar-se a mais pessoas. Então certifique-se de que tenha links para o seu perfil em todos os seus sites online, incluindo outros sites de mídias sociais como o Facebook e Twitter, com uma chamada à ação próximo da URL declarando, "Conecte-se a mim no LinkedIn".

Você envia vários e-mails? Coloque o URL de perfil público na assinatura do e-mail de maneira que possa se conectar a todas as pessoas para quem escreve.

Você tem uma newsletter de e-mail? Muitos de nós têm, e é o lugar perfeito para pedir conexões. Eu uso iContact, mas você talvez use Aweber, Constant Contact, MailChimp ou outro programa. Coloque um link para o seu perfil do LinkedIn, no qual você pode escrever uma mensagem de convite como:

> Eu adoraria que você se conectasse a mim no LinkedIn. Estou construindo minha rede, e eu ficaria muito satisfeito em apresentá-lo a qualquer pessoa em minha rede que pudesse ajudá-lo.

Nos Cartões de Visita

Facilite para as pessoas o encontrarem e conectarem-se a você no LinkedIn. Inclua o seu URL de perfil público no seu cartão para que as pessoas que você encontrar em eventos de networking sejam capazes de convidá-lo a conectar-se com facilidade.

Durante o Networking no LinkedIn

Encontrar pessoas para se conectar a você no LinkedIn é algo que vai acontecer naturalmente. À medida que faz networking com outros profissionais em grupos do LinkedIn, pergunta ou responde a questões no LinkedIn Respostas, você está constantemente encontrando-se com pessoas que pensam como você. Conversas online com essas pessoas se iniciarão de forma natural, assim como tornar-se conexões de primeiro nível. Quanto mais ativo você for no LinkedIn, mais isso acontecerá, o que aumenta o tamanho do seu banco de dados pessoal.

Por exemplo, ao encontrar alguém no LinkedIn em Grupos ou Respostas que você quer convidar, clique no nome daquela pessoa e será levado ao perfil dela. Em seguida, clique simplesmente no botão marcado *Conectar*. Então escreva algo na página na qual você pede uma conexão lembrando aquela pessoa sobre a sua interação no LinkedIn e porque quer conectar-se a ela.

Networkers Receptivos: a Chave para o Hipercrescimento

Agora chegamos à arma secreta para criar uma rede enorme no LinkedIn, e ela é aderir a grupos de networking receptivos. O primeiro que você deve aderir é o TopLinked, o maior. Na barra de ferramentas superior, vá para *Grupos > Diretório de Grupos*. Digite *TopLinked* na barra de pesquisa de palavras-chave e ele será o primeiro grupo que vai aparecer (ver Figura 7-2). (Você também pode digitar TopLinked no campo de pesquisa no campo superior direito, primeiro selecionando grupos).

Vá em frente e junte-se ao grupo. Uma vez que fizer isso, olhe no campo no campo mais à direita para uma discussão *Gerenciar Escolha*, atualização recente TopLinked. Esta lista é o ingresso para o rápido crescimento de suas conexões de primeiro nível. Trata-se de uma lista de muitos dos networkers receptivos no LinkedIn. Quando clicar nela, você tem agora duas opções, uma conta gratuita ou uma conta paga.

Durante os meus primeiros três anos no LinkedIn, eu tinha a conta gratuita TopLinked. Ao se inscrever para uma, você recebe planilhas Excel a cada semana com um total aproximado de 2.000 e-mails de networkers receptivos – pessoas que concordaram em estar na lista com o claro entendimento de que elas *não* clicarão em *Denunciar Spam* quando você as convidar, de maneira que é seguro convidá-las mesmo que você não as conheça.

Eu sugiro que você se inscreva na conta gratuita primeiro. Quando você receber as listas, que aparecerão na conta de e-mail que você usou para registrar-se com o TopLinked (não sua caixa de entrada do LinkedIn), salve-as no seu computador em um lugar que você possa facilmente encontrá-las, como o seu desktop. (Tudo que precisa fazer para convidar alguém para conectar-se com você no LinkedIn é o e-mail desta pessoa).

Então, abra o LinkedIn e clique em *Contatos > Adicionar Conexões*. Você verá *Outros e-mails* sob o ícone de um envelope, então clique nisso. Na parte de baixo da página seguinte, há um hyperlink dizendo *Convite via e-mail individual*, e, quando clicar nisso, aparecerá um campo de texto aberto com *Insira endereços de e-mail abaixo separados por vírgula*. Agora você é quem decide quão pró-ativo você será em relação à adição de contatos, mas como regra geral eu diria que é melhor convidar apenas 50 pessoas por dia. O que eu faço é copiar 50 e-mails de cada vez para o meu PC, (se você está em um PC, clique sobre o botão *Iniciar* na parte inferior esquerda do desktop e clique em *Notepad*), adicione vírgulas depois de cada nome, então copie e cole a lista no campo de texto aberto e clique em *Enviar Convites*. Ao usar este método, você aumentará a sua rede rápido.

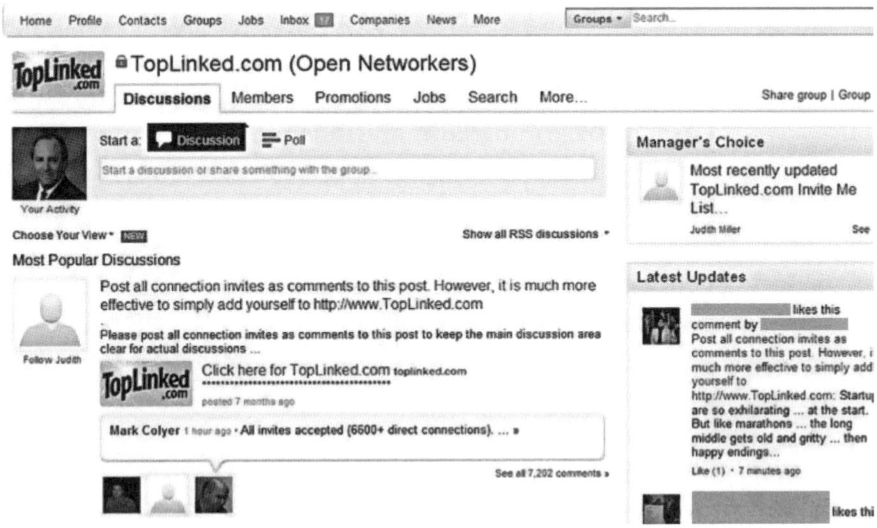

Figura 7-2. Ao aderir ao grupo TopLinked, você pode conectar-se aos outros networkers receptivos e aumentar muito o tamanho da sua rede no LinkedIn.

Obtendo uma Conta de Networking Paga

Se quiser aumentar suas conexões de primeiro nível ainda mais rápido, você pode adquirir uma conta TopLinked paga e adicionar o seu nome na "*convide-me*". Quando fiz a minha conta, eu paguei pelo PayPal, de maneira que é um pagamento recorrente que faço uma vez ao ano. (Faça uma conta em www.PayPal.com. Ele torna a compra de produtos e serviços online uma barbada, e é seguro). Ao fazer isso, agora o seu nome vai para os milhares de networkers receptivos no LinkedIn que o convidam para se conectar.

Se quiser ser ainda mais proativo na área de construção de conexões, vá para *Grupos > Diretório de Grupos* e digite *Open Networker* na pesquisa de palavra-chave. Você verá outros grupos como Open Networkers. Junte-se a este grupo e a tantos outros grupos de networking receptivo quantos você quiser. Participo de muitos desses grupos e aderi até a uma segunda lista chamada *Invites Welcome*. Por causa dessas duas listas, recebo em torno de 30 convites por dia, o que me ajuda a aumentar a minha rede rapidamente.

Você verá que as pessoas alardeiam o fato de que são networkers receptivas com o acrônimo "LION" (LinkedIn Open Networker). Elas às vezes o colocam até no campo do seu nome, como "Betty Smith | LION". Ou elas o colocarão no seu título profissional sob o seu nome.

Eu não coloco LION no campo do meu nome ou em meu título. Primeiro, é contra os termos do LinkedIn adicionar qualquer coisa a não ser o seu nome ao campo do seu nome. Segundo, há muitos e muitos LIONS no LinkedIn, e não acho que isso seja especial o suficiente para justificar tomar espaço no meu título. É por essa razão que eu comunico às pessoas que sou um networker receptivo dentro do meu resumo de perfil.

Ao tirar vantagem do TopLinked e os outros grupos de networking receptivos, você pode rapidamente expandir a sua rede. Se você tem apenas algumas conexões, o seu alcance total será pequeno. Uma vez que você chegar a milhares de conexões, quando conferir as suas estatísticas (*Início > Página Inicial do LinkedIn*), você verá que o seu network tem milhões e milhões de pessoas. Isso significa milhões de pessoas que podem encontrá-lo, ler o seu perfil e apresentar oportunidades para você. Siga em frente e cresça a sua rede!

* * *

Um dos benefícios de aumentar as suas conexões de primeiro nível é de que inevitavelmente você terá milhões de profissionais na sua rede de contatos. Isso significa que haverá muitas pessoas com quem você pode se conectar e prospectar oportunidades. Vamos ver como encontrar as pessoas que você quer conhecer e entrar em contato, o que é discutido no capítulo a seguir.

Capítulo 8: Círculo de Influência Social: Procurando e Contatando Pessoas

Falamos amplamente sobre a otimização do seu perfil usando palavras-chave, de maneira que você seja encontrado para oportunidades. Agora que seu perfil aparecerá bem posicionado nas pesquisas do LinkedIn, vamos falar sobre encontrar e contatar pessoas.

Primeiro, expanda o seu pensamento a respeito de quem você quer encontrar no LinkedIn. Não o veja apenas como um local para encontrar clientes, embora este seja o foco principal. Você também pode encontrar parceiros para trabalhar em projetos que estejam interessados em compartilhar indicações. Por exemplo, faça contato com aquela pessoa conhecida como sendo um "Centro de Influência", alguém com as conexões e uma base de clientes similar aos clientes potenciais que você quer atingir.

Se você é um consultor financeiro, talvez se conecte com um advogado ou um banqueiro na sua cidade para criar um sistema mútuo de compartilhamento de indicações. Qualquer que seja a sua ocupação, procure por profissionais que não estejam competindo com você e que compartilham dos mesmos tipos de clientes. Contate-os e marque uma reunião, propondo a criação de um grupo potencial de compartilhamento de indicações. Então uma vez ao mês vocês podem se reunir e compartilhar indicações. Você não precisa fazer negócios sozinho. Com o LinkedIn, é possível compartilhar as OPCs[1] – conexões de outras pessoas (ou clientes).

[1] Em inglês Other People's Connections. (N. T.)

Existem muitos tipos diferentes de conexões interessantes para se fazer no LinkedIn. Por exemplo:

- Procurar provedores de serviços para o seu negócio. Contratei consultores para me ajudar em alguns projetos após ficar impressionado com suas postagens em Grupos.
- Encontrar pessoas que podem ajudá-lo com um projeto.
- Localizar um especialista que pode aconselhá-lo sobre uma parte crítica do seu negócio.
- Conectar-se com pessoas de sua área de atuação para falar sobre negócios e ver se há afinidade para uma parceria de negócio.
- Encontrar oportunidades de palestras ou um palestrante para o seu evento.
- Pesquisar empregados, investidores, vendedores, parceiros, fornecedores, doadores para a sua causa, integrantes do conselho, e influenciadores estratégicos.
- Criar um conselho consultivo com importantes líderes de ideias.

Lembre-se de que todo mundo está no LinkedIn para fazer contatos e negócios, portanto não hesite em procurar as pessoas quando você precisar de algo. Contate aquelas pessoas cujas postagens nos Grupos e Respostas mais o impressionaram. Clique no perfil delas, encontre suas informações de contato, e ligue para elas ou envie um e-mail.

Usando a Pesquisa Avançada de Pessoas

Além de encontrar pessoas em *Grupos* ou na seção de *Respostas*, você também pode usar a poderosa *Pesquisa Avançada de Pessoas*. No campo de pesquisa no canto superior direito, selecione *Pessoas* e então clique na palavra *Avançada* à direita da lente de aumento para trazer o Formulário de Pesquisa Avançada (ver Figura 8-1).

Comece sua pesquisa com as palavras-chave. Qual palavra-chave o seu "alvo" intencionado tem no seu perfil? Se contém várias palavras, coloque a palavra-chave entre parênteses, de maneira que o LinkedIn não retorne perfis com as palavras em diferentes áreas.

Digamos que queira contatar gerentes de recursos humanos. Você digitaria *Recursos Humanos* no campo da palavra-chave, mas isso traria milhares de pessoas. Então use todo o Formulário de Pesquisa Avançada para estreitar o seu foco, preenchendo a localização, o setor e a relação com você (escolha primeiro, segundo ou terceiro nível ou toda sua rede).

Ter uma conta *premium* vai lhe proporcionar mais opções para estreitar a sua pesquisa. É possível filtrar mais ainda a pesquisa selecionando o título da pessoa, o tamanho da empresa, qual o ranking na lista Fortune 1000 da empresa desta pessoa (de acordo com o tamanho da empresa), e que tipos de contatos ela quer receber; você pode pesquisar individualmente nos seus grupos.

Se tem uma conta *premium*, dê ao LinkedIn comandos de pesquisa adicionais; isto é, você também pode selecionar como quer que sua pesquisa de palavras-chave seja conduzida. Na sua conta *premium*, desça até a parte de baixo da página do seu Formulário de Pesquisa Avançada e você verá um menu suspenso *Ordenar*. É possível ordenar por:

- **Relevância.** Este método de ordenar seleciona as pessoas cujos perfis têm a palavra-chave que você escolheu. Ele exibirá primeiro perfis que têm muitos exemplos da palavra-chave, integrantes *premium* e as suas conexões de primeiro, segundo e terceiro nível.
- **Relação.** Este mecanismo mostra quão proximamente eles são conectados a você pelo nível. Então você terá as pessoas que são mais fáceis de contatar exibidas primeiro.
- **Relação e Recomendações.** Este mecanismo ordena as pessoas por quão proximamente elas estão conectadas e informa quantas recomendações elas receberam.
- **Conexões.** Este mecanismo ordena os perfis pela quantidade de conexões de primeiro nível eles possuem, então as pessoas mais conectadas são exibidas no topo.
- **Palavras-chave.** Este mecanismo ordena os perfis com a melhor combinação para a sua palavra-chave, não importando se eles estão conectados à sua rede ou não. Isto é interessante apenas quando você não se importa se as pessoas estão na sua rede ou não. Entretanto, se não estão, é mais difícil de contatá-las.

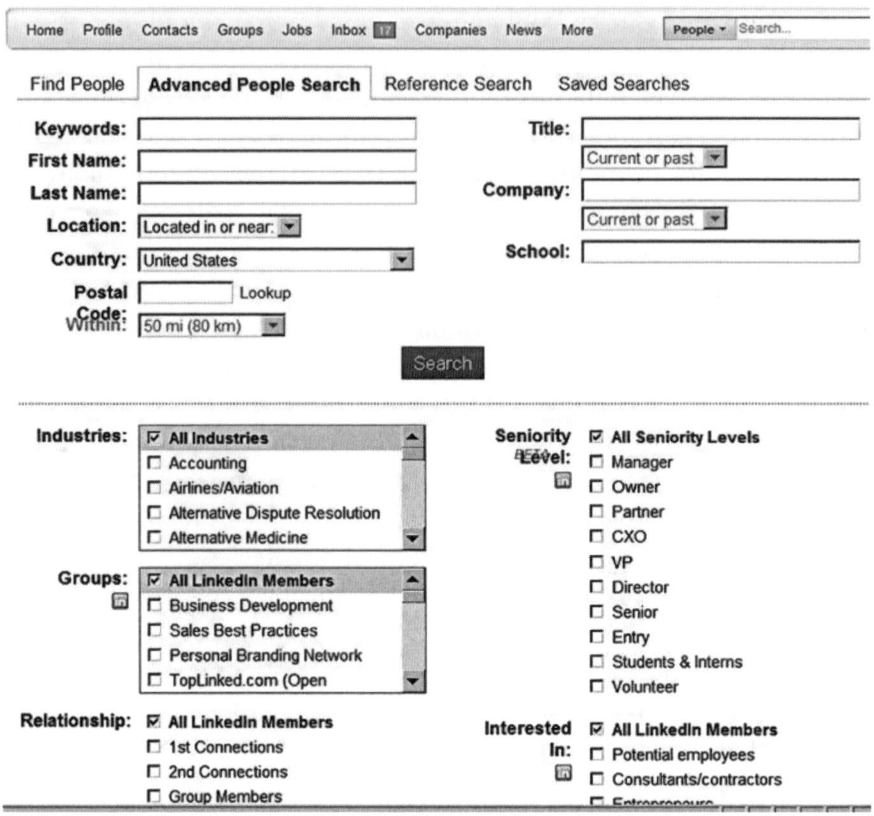

Figura 8-1. A Pesquisa Avançada de Pessoas é o seu bilhete de entrada para explorar o banco de dados do LinkedIn e encontrar exatamente as pessoas certas para se conectar a fim de buscar oportunidades. Com uma conta *premium*, você consegue muito mais opções para ordenar os resultados da pesquisa (seções *premium* são indicadas pela caixa "in" dourada).

Usando todo o formulário, eu faria uma pesquisa para a palavra-chave *Recursos Humanos*, com *Gerente* em empresas de 51 a 200 pessoas, dentro de um raio de distância qualquer de onde me encontro, e ele apresenta 100 resultados. Isso é muito melhor do que quando simplesmente digito a palavra-chave *Recursos Humanos* e recebo 690.000 resultados.

Use vários critérios para estreitar a sua lista. Então, para aproveitar ao máximo a função de pesquisa, adquirira uma conta *premium*, pois ela oferece mais opções para estreitar o seu foco somente nas pessoas que você quer contatar e aquelas que são mais fáceis de encontrar.

Isso é direcionar o foco somente para palavras-chave ou ocupações. Digamos que eu quisesse escolher uma determinada empresa como alvo. Para vender meu produto para um executivo de recursos humanos na Disney, por exemplo, eu iria para o Formulário de Pesquisa Avançada e digitaria minha palavra-chave *Recursos Humanos*, digitaria *Disney* no campo da empresa, selecionaria *Atual* no menu suspenso (porque nessa pesquisa eu gostaria de atingir somente pessoas que exercem atualmente aquele trabalho), e clicaria em *Pesquisar*. Meus resultados aparecem como 783 pessoas de recursos humanos na Disney, portanto preciso ainda refinar isso um pouco pela localização. Eu adiciono o código postal da Disney em Orlando, que é 32380. Isso reduz o número para 300 pessoas, o que é mais administrável.

É claro, meus resultados de busca serão diferentes dos seus, já que nós todos temos redes diferentes. Mas o fato primordial é: quanto mais pessoas você tem como conexões de primeiro nível, maior será a sua rede total e mais pessoas você poderá pesquisar. É por isso que eu recomendo ser um networker receptivo. Se você tem apenas algumas pessoas no seu primeiro nível, não terá o mesmo número de perfis para examinar nos resultados.

Salve a Sua Pesquisa

Se a pesquisa que você fizer criar um banco de dados interessante de clientes e parceiros potenciais, ou quem quer que você esteja procurando, o LinkedIn permite salvar a pesquisa. Clique em + *Salvar Pesquisa* no canto mais à direita junto ao número de resultados (ver Figura 8.2). O Linkedin oferece a opção de receber uma notificação por e-mail semanalmente ou mensalmente quando uma pessoa nova, que atende a esses critérios de pesquisa, aparece em sua rede, e esses cobrem contatos de primeiro, segundo e terceiro níveis assim como grupos. Com uma conta gratuita, você pode salvar até três pesquisas, e contas *premium* permitem mais pesquisas ainda. Como a sua rede cresce todos os dias, você deve refazer a sua pesquisa salva diariamente clicando em *Pesquisas Salvas* (a quarta aba em cima no Formulário de Pesquisa Avançada) para ver quais nomes aparecem.

Isso funciona como uma máquina de prospecção perpétua para si mesmo. Quando o LinkedIn o notifica sobre novas pessoas que atendem exatamente os seus critérios, é possível ler os seus perfis e entrar em contato com elas e deixar que a mágica do networking comece! Escolha as palavras-chave, experimente até encontrar as certas, e aumente o seu banco de dados de clientes potenciais o quanto puder.

Figura 8-2. Após ter terminado uma pesquisa de pessoas, você pode clicar em + *Salvar Pesquisa* no canto superior direito para salvar os critérios de pesquisa e retornar e pesquisar quantas vezes quiser para capturar nomes novos.

Fazendo uma Conexão Pessoal

Dê uma olhada no perfil da pessoa em busca de pistas sobre como ela quer ser contatada. Primeiro, dê uma olhada na seção *Contato* no seu perfil para ver o que ela colocou como suas preferências de contato. Deve aparecer *Contato (nome) para realizar negócios, oportunidades de consultoria* (ou algo similar). Isso vai orientá-lo em relação a como abordar essa pessoa.

Às vezes a pessoa coloca o seu número de telefone e endereço de e-mail nesta seção, ou talvez essa informação estará no seu resumo. Se você tem o telefone ou endereço de e-mail, use-o com cuidado para contatar o seu alvo. Se a pessoa é uma conexão de primeiro nível, você tem a oportunidade de enviar uma mensagem diretamente para ela. No campo de informação no topo do perfil dela, procure por um botão azul que diz *Enviar uma mensagem*. Clique nele, e um campo de diálogo vai aparecer onde você pode compor a sua mensagem e enviá-la pressionando o botão azul *Enviar Mensagem*.

Quando enviar mensagens para as pessoas no LinkedIn, certifique-se de que você leu primeiro os perfis. Então componha uma mensagem personalizada explicando por que acredita que elas se beneficiariam de uma associação com você. Agradeça a elas por ler sua mensagem. Seja breve e vá direto ao ponto, sendo respeitoso o tempo inteiro. Sempre lembre de acrescentar o que há de interessante para as pessoas nesta relação se elas decidirem retornar sua mensagem ou aceitar um convite para conectar-se a você.

Por exemplo, escreva:

> Olá, temos conexão de primeiro nível, e li o seu perfil e fiquei impressionado com o que você fez nas áreas de (preencher o espaço). Eu gostaria de explorar como podemos trabalhar juntos, porque creio ter uma solução para incrementar e muito a sua capacidade de atingir metas (acrescente aqui o que seria, por exemplo, poupar dinheiro, poupar tempo, aumentar os lucros). Poderíamos agendar um breve telefonema?

A pior coisa a fazer é presumir o seguinte: *Ah, essa pessoa nunca falará comigo*. Eu estava dando um treinamento de LinkedIn, e um estudante na aula era um corretor de imóvel comercial ainda novo no site. Ele me desafiou dizendo: "Dan, eu tenho todas essas conexões de primeiro nível. Que diabos eu faço com elas?".

"Por que você não escreve para elas?", retruquei.

"Ah, elas nunca responderão", ele disse.

"Tente", eu disse a ele.

"O que eu vou dizer?", ele perguntou.

Eu disse a ele para contar às pessoas o que o fez escrever e pedir a elas, uma oportunidade.

Ali mesmo, ele enviou uma mensagem direta para um corretor de imóveis em outro estado onde queria fazer negócios. Ele disse para este corretor que havia ótimas oportunidades na sua cidade e perguntou a ele se poderiam ter uma conversa ao telefone. Em segundos, o corretor respondeu com seu telefone e pediu ao meu aluno que o ligasse imediatamente. Não há dinheiro que pague a expressão que vi no rosto desse aluno.

Posso prometer esse tipo de resultado todas as vezes? É claro que não. Mas essa é a razão de ser do LinkedIn: conectar-se com pessoas. Você não saberá até tentar.

Contatando Conexões que Não São de Primeiro Nível

Quando suas conexões não são de primeiro nível e não há informações de contato disponíveis no perfil da outra pessoa, o próximo passo é examinar o campo de informações dela e ver se é uma integrante OpenLink. (Todas as contas *premium* têm a opção de estar em OpenLink). Você verá um pequeno círculo de pontos coloridos à direita do nome daquela pessoa. Isso significa que pode enviar a ela uma mensagem diretamente sem ser uma conexão de primeiro nível.

Se ela não está em OpenLink, olhe na parte de baixo do campo de informações, onde há um botão cinza que diz *Enviar (nome) um InMail.* O InMail é o sistema de e-mail interno do LinkedIn através do qual é possível contatar qualquer pessoa no LinkedIn que está na sua rede e é uma conexão de segundo ou terceiro nível. Essa é a parte boa. A parte "ruim" é que o InMail é pago! O LinkedIn é uma empresa pública e tem de agradar os seus acionistas.

Se você tem a conta gratuita básica, pode comprar InMails. O benefício de um InMail em relação a uma ligação não solicitada é o de que ele inclui um link para o seu perfil de maneira que a pessoa que o recebe pode ler e responder, sabendo quem você é. Se a pessoa não responder em sete dias, você recebe o crédito de InMail de volta e pode enviar uma mensagem para outra pessoa. Uma conta *premium* inclui InMails: a conta Business dá o direito de três mensagens por mês; a Business Plus dá 10 mensagens por mês; e o plano Executive, dá 25 mensagens por mês. Recrutadores adoram os planos com vários InMails para conseguir muitos contratados em potencial, mas qualquer um pode tirar proveito desses planos *premium*. InMails que não forem usados em um mês são válidos para o mês seguinte.

A grande vantagem a respeito dos InMails é que eles são instantâneos. Eles vão direto para a caixa de entrada do LinkedIn da pessoa. Se você não caiu duro após ver os preços, então vá em frente e assine uma conta *premium* e inclua InMails em sua estratégia de networking e prospecção de negócios. Mas se está chocado e desanimado, não se preocupe. Existem outros caminhos para se contatar conexões que não sejam de primeiro nível, incluindo conseguir uma apresentação de um contato de primeiro nível.

Contatando uma Conexão de Segundo Nível

O mecanismo de apresentação mostra a você quem nas suas conexões de primeiro nível está conectada à sua pessoa "alvo". Digamos que seu alvo seja uma conexão de segundo nível. No campo de informações do perfil da outra pessoa, há um botão cinza que diz *Enviar (nome) um InMail* e do lado direito deste botão uma seta para baixo. Clique nela, e você verá um link que diz *Apresentar-se* (ver Figura 8-3). Quando seleciona esse link, o Formulário de Pedido de Apresentação aparecerá, apresentando a você uma lista de conexões de primeiro nível que podem apresentá-lo ao seu "alvo". Examine a lista em busca de alguém que você conheça pessoalmente. Ela será a pessoa para quem você solicitará apresentação (ver Figura 8-4). Clique sobre o nome dessa pessoa e ela vai para o topo do formulário entre você e a pessoa que quer contatar.

Preencha o assunto do seu pedido, então diga para o seu contato de primeiro nível porque quer ser apresentado. Eu recomendo ler o perfil da sua conexão-alvo, descobrindo quais são as suas metas, e explicar porque conectar-se com você será benéfico para seu contato-alvo.

Antes de enviar a mensagem, cheque quantas apresentações ainda sobraram. Este número depende do tipo de conta que você tem. Assinantes de contas gratuitas têm direito a cinco apresentações em aberto por mês; assinantes Business têm direito a 15; os Business Plus têm direito a 25; e os Executive, no topo da hierarquia, têm direito a extraordinárias 35. Você sempre pode checar o número de seus InMails e apresentações restantes clicando no menu suspenso sob o seu nome na parte superior direita de qualquer página, e clicando em *Configurações*. Quando alguém a quem você pediu para ser apresentado aceita e você faz uma conexão, aquela apresentação é então liberada para você fazer outro pedido de apresentação.

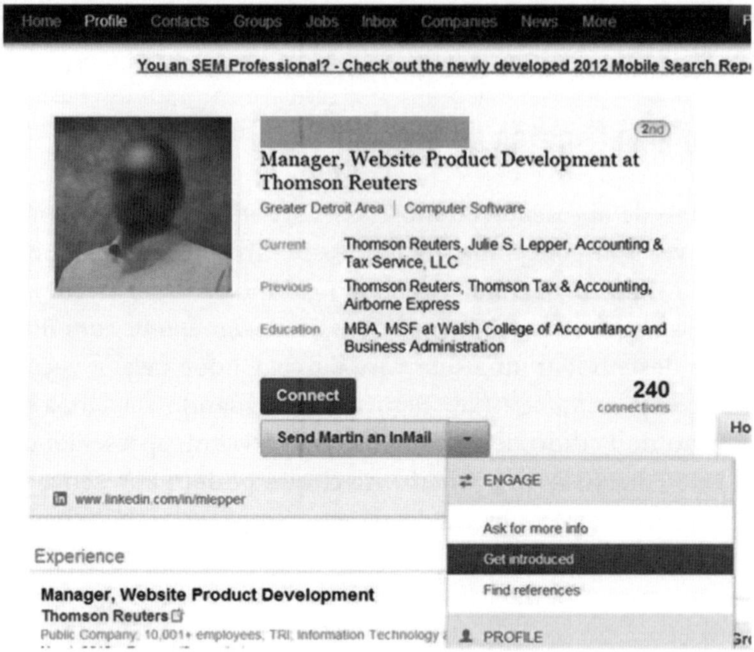

Figura 8-3. Ao ver uma conexão de segundo nível que gostaria de encontrar, envie um InMail ou veja como você está conectado a ela. Clique na seta para baixo no botão cinza no campo de informações da pessoa e selecione *Seja apresentado* para ver os nomes das conexões de primeiro nível que podem potencialmente apresentá-lo.

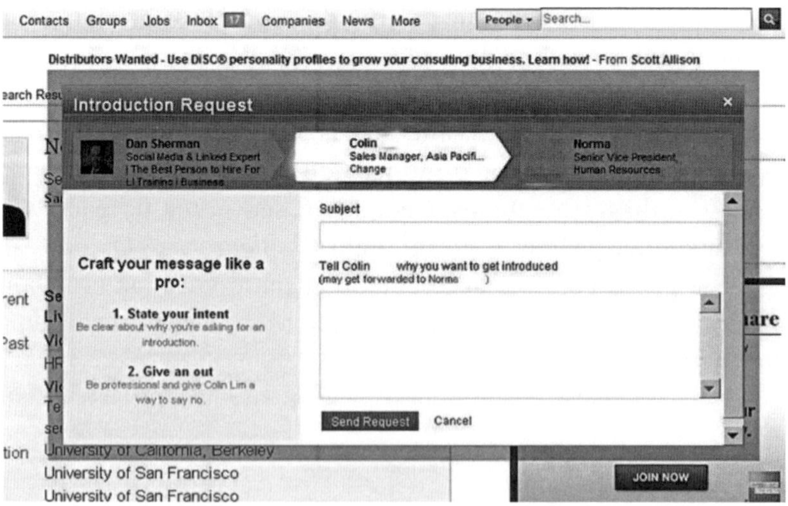

Figura 8-4. No Formulário de Pedido de Apresentação, selecione a conexão de primeiro nível que você quer para ajudá-lo a contatar uma conexão de segundo nível e explicar a razão para seu pedido.

Contatando uma Conexão de Terceiro Nível

E se a pessoa que você quer contatar é uma conexão de terceiro nível, um amigo de um amigo de um amigo? Funciona da mesma maneira, mas as suas chances de uma conexão sólida diminuem um pouco, tendo em vista que o seu pedido de apresentação tem de passar por duas pessoas. Mas ainda assim é possível.

Todo mundo no LinkedIn está ali para fazer networking, e realmente não dá trabalho algum passar adiante uma apresentação. Sempre passo adiante qualquer pedido de apresentação que recebo, já que sei que o destinatário final tem a opção de expandir a sua rede e contatar alguém novo, dependendo das suas necessidades atuais.

Então se estiver no perfil de uma conexão de terceiro nível e é alguém que você quer contatar, não se desanime. Clique na seta para baixo no botão cinza no campo de informações do contato que está próximo do *Enviar (nome) um InMail*. Então clique no link *Seja apresentado* para habilitar o Formulário de Pedido de Apresentação. O LinkedIn vai exibir uma lista das suas conexões de primeiro nível que podem começar o processo de apresentação. Aparecerá um lugar para colocar o assunto do seu pedido e uma nota para o seu contato de primeiro nível explicando porque quer ser apresentado. O pedido de apresentação irá para sua conexão de primeiro nível, que vai passá-lo adiante, até chegar na conexão-alvo intencionada.

No processo de atingir um contato de segundo ou terceiro nível, a sua conexão de primeiro nível receberá o seu pedido e então poderá adicionar uma mensagem própria antes de passá-la adiante – desejavelmente algo bacana que encorajará o destinatário final a agir ao receber o seu pedido. O pedido aparecerá na caixa de entrada do seu contato de primeiro nível, e já que você tem direito a apenas cinco pedidos de apresentação ao mês com a conta gratuita, envie um lembrete para sua conexão de primeiro nível de maneira que a o pedido não fique esquecido na caixa de entrada dela. Envio qualquer pedido que recebo para a próxima pessoa imediatamente, mas todo mundo é diferente e tem demandas diferentes sobre o seu tempo, então não deixe de enviar um lembrete se puder.

O interessante a respeito da ferramenta de apresentação é que ela respeita o tempo dos seus contatos de primeiro nível. Você não está ligando para eles e interrompendo-os com seu pedido; eles podem examiná-lo e lidar com isso quando estiverem vendo suas mensagens no

LinkedIn. E podem escrever uma bela apresentação para você, e se o fizerem, é mais provável que a pessoa se conecte a você. Um pedido para um terceiro nível é mais complicado, mas ainda está bem acima de uma ligação não solicitada. Eu descobri que, apesar de o LinkedIn ser uma rede gigantesca com mais de 175 milhões de pessoas, existe um código não escrito de respeito e abertura entre os usuários.

Existem tantas maneiras de contatar as pessoas que encontrar no LinkedIn, como acessar as informações de contato que elas fornecem no seu perfil, InMail, apresentações e mensagens para integrantes OpenLink. A princípio, não deveria haver grande dificuldade em contatar qualquer pessoa na sua rede se você realmente quiser contatar essa pessoa.

Contatando Grupos de Pessoas

Até aqui, falamos sobre encontrar e enviar para essa pessoa uma mensagem individualizada. Como dizemos no marketing, é a abordagem do "rifle". E se você quiser usar a abordagem "metralhadora" e enviar a mesma mensagem para muitas pessoas no LinkedIn?

Antes de fazer isso, tenha consciência de que quaisquer promoções em massa em qualquer mídia – sejam cartões postais de mala direta, e-mails etc. – têm uma taxa de retorno baixa. Seria muita sorte de conseguir um índice de resposta de 1% de qualquer tipo de campanha desta natureza. Entretanto, trata-se de uma estratégia aceita no marketing e pode ser útil para você desde que tenha expectativas realistas.

A outra consideração é a de que, em sua infinita sabedoria, o LinkedIn colocou alguns controles sobre quantas mensagens em massa você pode enviar no sistema. Pense só: eu tenho 23 milhões de pessoas na minha rede (em primeiro, segundo e terceiro níveis). Se eu e outras pessoas pudéssemos enviar mensagens para milhões de pessoas com o apertar de um botão, bem, muito em breve o site seria tomado por mensagens em massa, e se transformaria em uma confusão, repleta de spams.

Assim, o LinkedIn permite o envio de mensagens em massa, mas limita a 50 conexões de primeiro nível de cada vez. Para fazê-lo, clique em *Contatos* > *Conexões* para ver suas conexões de primeiro nível. Ordene-as por localização, companhias ou setor, então clique na caixa junto a cada um dos seus nomes e selecione 50 de cada vez. À direita você verá *Enviar Mensagem*. Clique aí e você terá uma caixa de texto para enviar uma mensagem para até 50 contatos de primeiro nível (ver Figura 8-5).

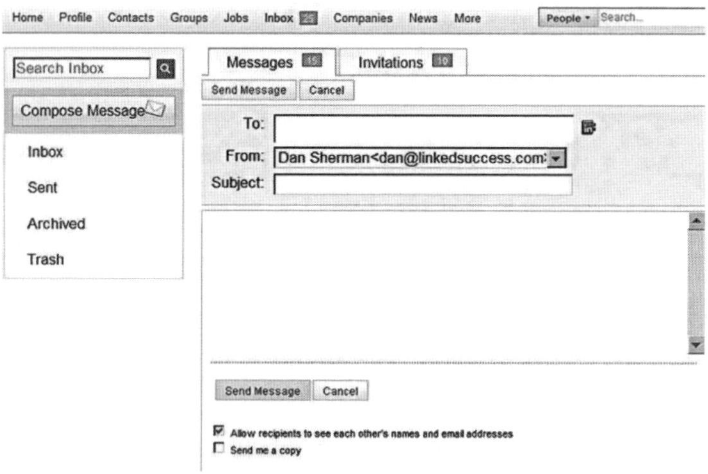

Figura 8-5. O formulário Compor Mensagem permite o envio de mensagem para até 50 das suas conexões de primeiro nível. É possível adicionar contatos direto do formulário clicando na caixa "in" azul à direita, que apresentará todos os seus contatos. Certifique-se de desmarcar a caixa abaixo que permite aos destinatários verem as informações dos outros, para manter a mensagem mais profissional.

Aqui vai mais uma dica importante: antes de clicar no botão azul *Enviar Mensagem*, desmarque o campo que diz *Permitir que os destinatários vejam os nomes e endereços de e-mail uns dos outros*, de maneira que os seus contatos não se sintam incomodados de ter suas informações pessoais compartilhadas, e a sua mensagem pareça mais focada e profissional.

Marcador, é com Você Mesmo – Agrupando Contatos

E se você quiser enviar mensagens para o mesmo grupo de pessoas repetidas vezes? Há um mecanismo em Minhas Conexões chamado Marcadores que permite isso. Para criar um grupo usando Marcadores, vá para *Contatos > Conexões*, veja suas conexões e confira as pessoas que quer marcar em um grupo. Clique na caixa de seleção próxima de cada nome e aparecerá o hyperlink *Editar marcadores* à direita (ver Figura 8-6). Clique sobre ele e um campo no qual é possível dar um nome de grupo, como Gerentes de Vendas, aparecerá; então clique em *Salvar*. O grupo marcado aparecerá então ao lado esquerdo da página.

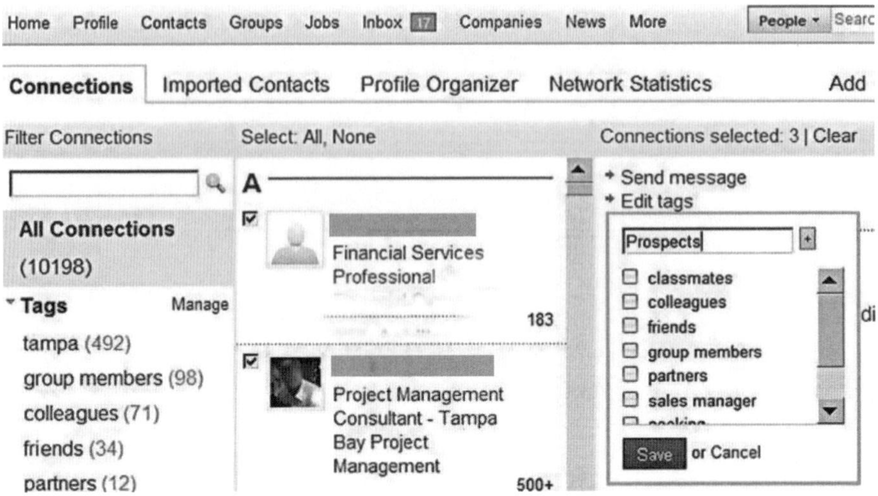

Figura 8-6. Ao clicar em *Editar marcadores* à direita, você pode salvar 50 contatos em um grupo, o que vai ajudá-lo a organizar contatos para comunicações em andamento. Dê um nome para o grupo e clique em *Salvar*. Os grupos que salvou aparecem à esquerda sob Marcadores.

Quando você quer enviar uma mensagem para esse grupo marcado, apenas clique sobre o nome de marcador do grupo na coluna da esquerda e abra o grupo marcado. No topo, você verá *Selecionar: Todos, Nenhum*. Clique *Todos*, e então do lado direito clique em *Enviar Mensagem*. Isso fará aparecer um campo de texto onde é possível inserir a sua mensagem. Lembre-se de desmarcar a caixa de seleção próxima, onde diz *Permitir que os destinatários vejam os nomes e endereços de e-mail uns dos outros*, na parte de baixo para proteger a privacidade dos seus contatos.

Esse método permitirá agrupar clientes em potencial, clientes atuais, clientes em potencial por cidade, amigos por cidade, entre outras opções, e enviar uma mensagem em grupo. Digamos que você esteja viajando para Seattle a negócios. Você pode marcar 50 clientes em potencial de Seattle em um grupo e enviar uma mensagem para todos de uma vez, dizendo que gostaria de marcar um encontro para um café. Ou poderia colocar os seus 50 melhores clientes em um grupo e enviar uma mensagem para todos eles de uma vez com uma promoção, um evento especial, o anúncio de um novo produto, e por aí afora.

O número de grupos marcados que você pode criar é limitado, e é possível enviar apenas 50 mensagens de cada vez. Então se você tem 100 clientes em potencial em Seattle, por exemplo, você pode marcar dois grupos; simplesmente chame o primeiro de *Clientes em potencial Seattle 1* e o seguinte *Clientes em potencial Seattle 2.*

Enviando Mensagens para Mais de 50 Pessoas

Se realmente quer enviar mensagem para mais de 50 pessoas, há uma maneira de se fazer isso, mas você precisa ter um programa de gerenciamento de e-mails. Primeiro, vá para *Contatos* > *Conexões*, olhe para baixo e clique no link à direita que diz *Exportar Conexões.* Você pode usar esse hyperlink para baixar todas as suas conexões de primeiro nível para um arquivo CSV (*comma-separated values*).

Clique nele, e na próxima tela você verá as opções para o tipo de arquivo CSV que baixar. Então pressione o botão azul que diz *Exportar* e aparecerá uma planilha Excel com seus contatos listados por nome, sobrenome e endereço de e-mail. Você pode carregar os contatos para um programa de gerenciamento de e-mail e enviar um e-mail em massa.

Encontrando um Mentor no LinkedIn

Voltando para nossa discussão anterior sobre os diferentes tipos de contatos interessantes para fazer no LinkedIn, você já considerou usar o site para encontrar um mentor?

Bem, qualquer que seja o seu trabalho, quaisquer que sejam os projetos ou negócios que você está buscando aperfeiçoar, as chances são boas de que alguém por aí já percorreu o mesmo caminho e pode lançar uma luz sobre o processo. Por que vagar pela floresta sem uma lanterna quando alguém que teve sucesso no seu campo pode iluminar o caminho para você?

Encontrar um mentor pode fazer com que você alcance grandes resultados mais rapidamente. E com mais de 175 milhões de profissionais no LinkedIn, o seu *pool* potencial para um bom mentor é realmente substancial. Então, como identificar alguém para ajudá-lo em seu caminho?

Eu usei o LinkedIn para contatar uma verdadeira especialista no assunto, Judy Hojel de Sidney, Austrália, e pedi a ela as suas 10 melhores dicas para encontrar um mentor no LinkedIn. Judy é formada em educação, é palestrante profissional, escritora, consultora de negócios e foi mentora de centenas de pessoas, tanto no mundo corporativo, quanto donas de seus próprios negócios. Ela é uma CEO experiente, especialista no desenvolvimento de liderança e crescimento dos negócios.

Se você está procurando ativamente por um mentor, incerto se realmente quer um, ou bastante convicto de que não precisa de um, eu ainda o encorajo a ler as dicas de Judy. O seu conselho é excelente e se aplica a contatar qualquer pessoa que se queira conectar no LinkedIn para alcançar as suas metas profissionais.

A seguir as dez melhores dicas de Judy:

> Um grande mentor inspira, ensina e introduz você a novas maneiras de pensar, o tira da sua zona de conforto, o apoia nos seus planos de carreira e negócios, e muitas vezes atua como um porto-seguro. Encontrar um mentor pode ser um processo desafiador e que toma tempo. Aqui vão dez dicas inteligentes que acelerarão a busca para seu mentor ideal no LinkedIn.

1. **Seja claro a respeito de suas necessidades por um mentor**
   Isso pode soar óbvio, mas é preciso ser muito claro a respeito do que esperar de um mentor.
   Identifique as suas expectativas e necessidades.
   - O mentor vai ajudá-lo a avançar em sua carreira, negócio ou marca?
   - Você precisa de apoio e conselhos de alguém que já teve esta experiência e realizou este trabalho?
   - Você precisa de estratégias para atingir suas metas de vendas e lucros?
   - Você está reestruturando o seu negócio para crescer?
   - Você precisa de ideias novas ou uma perspectiva diferente nos seus desafios cotidianos?

   Lembre-se também de que é possível ter múltiplos mentores usando o LinkedIn, que podem ajudar cada um com situações e questões específicas.

   Quando fez uma lista dos itens nos quais gostaria de ser ajudado, tente a *Pesquisa Avançada de Pessoas*, usando palavras-chave para o tipo de mentor que está procurando. Assim como o otimizou o seu perfil com as palavras-chave com as quais quer ser encontrado, também os seus mentores terão perfis cheios dos campos e palavras-chave de especialidades nas quais você precisa de ajuda.

   Faça uma lista das pessoas cujos perfis são exibidos, leia seus perfis para aprender mais sobre elas, e procure por maneiras para contatá-las. Você agora tem um ponto de partida e uma lista com a qual começar a sua pesquisa por um mentor.

2. **Peça a sua própria rede por recomendações.**
   Expanda a sua busca por referências empregando a sua própria rede de LinkedIn e contatos. Pergunte quem eles usam ou quem poderiam recomendar de sua própria experiência e porque fariam isso. Se a pessoa parecer promissora, você pode aprender mais sobre ela estudando seu perfil e determinando seu melhor método de abordagem.
3. **Aumente a sua rede do LinkedIn**
   Em geral meu conselho é conectar-se com tantas pessoas quanto for possível. Isso vai ajudar na sua busca por um mentor no LinkedIn. Conecte-se com contatos de negócios em todos os níveis de uma organização, assim como aqueles que são proprietários do seu próprio negócio. Você se beneficia de ter uma rede expandida, e também se beneficia por estar exposto a conexões de qualidade em sua rede. Não se esqueça de conhecer as pessoas na sua rede de LinkedIn – você precisa se destacar e ser memorável em suas mentes.
4. **Junte-se a grupos relacionados ao trabalho**
   Junte-se e participe dos Grupos LinkedIn que se afinam com seus interesses. Há mais de um milhão de grupos de interesses especiais no LinkedIn, e as regras atuais permitem fazer parte de até 50 grupos. Você pode pesquisá-los através de palavras-chave ou pode observar os grupos aos quais os seus mentores potenciais pertencem. A sua faculdade pode ter um grupo de ex-alunos, assim como as empresas em que trabalhou; ambas são campos de caça úteis para recomendações por mentores.

   Junte-se aos grupos, observe a atividade, e veja quem oferece conselhos interessantes e bem fundamentados que façam sentido para você. Contribua para os debates, você nunca sabe quando uma troca pode levar a uma pesquisa por ser mentor.
5. **Faça perguntas nos fóruns de Perguntas & Respostas**
   Faça algumas daquelas perguntas difíceis que você colocaria para o seu mentor no fórum de Perguntas & Respostas do LinkedIn. O LinkedIn permite fazer 10 perguntas por mês. Há muitas pessoas que doam seu tempo e conhecimento para ajudar outras, e não apenas você se beneficia do seu conhecimento, como tem a oportunidade de construir mais conexões.

Escreva pessoalmente para todas as pessoas que responderam à sua pergunta e esteja preparado para compartilhar um pouco de si mesmo e seu pensamento na sua resposta por e-mail para elas. Muitas conversas de e-mail começam dizendo, "Muito obrigado por responder à minha pergunta", o que pode vir a ser um ponto de partida perfeito para gerar confiança, respeito e empatia - os pontos básicos para uma forte relação com um mentor.

Não se esqueça da etiqueta do LinkedIn - lembre-se de encerrar a pergunta e dar nota às respostas.

6. **Leia as respostas nos fóruns de Perguntas & Respostas**
O LinkedIn tem muitas categorias nos Fóruns de Perguntas & Respostas, onde as pessoas podem postar e responder a perguntas. Existe até uma para *Mentor* sob a categoria de *Carreiras e Educação*. Escolha duas ou três categorias que o interessam e observe quem está contribuindo com informações valiosas para a discussão.

Quem se empolga em participar do fórum, cujas respostas o ajudam a ver as coisas com mais clareza? Cuja orientação e estilo lhe interessam? Essas pessoas provavelmente serão ótimos mentores, então procure conhecê-las. Confira o seu perfil, leia suas respostas anteriores, conecte-se com elas, desenvolva um diálogo, e veja onde isso o levará.

7. **Fique atento aos eventos que a sua rede está participando**
O LinkedIn oferece uma ferramenta com a qual os organizadores são capazes de promover um Evento LinkedIn. Você pode ser avisado diretamente se você faz parte desse grupo, ou indiretamente se alguém na sua rede clicou para dizer que está interessado ou que participará do evento.

Você deve ir? É claro! Participar de um evento profissional é uma grande oportunidade para continuar a sua procura por um mentor ou para determinar sua compatibilidade com algumas pessoas com as quais já tenha se identificado.

Contate elas através do LinkedIn para dizer que participará do evento e como está empolgado em conhecê-las. Ter um contato pessoal é muitas vezes a melhor maneira de dizer se vocês realmente se dão bem juntos. Se o fizer, aborde a questão sobre a possibilidade de esta pessoa vir a ser o seu mentor ou veja outro momento para que possam falar mais livremente.

8. **Transforme boas conexões em boas relações**
   Números não são tudo no LinkedIn! A função do networking social é a construção de relações. Construa uma rede de qualidade e torne-se memorável compartilhando artigos, contribuindo com seu conhecimento, participando de debates, comentando postagens, e escrevendo positivamente sobre informações compartilhadas em sua rede.

   Lembre-se de que nem todos os seus mentores precisam viver próximos, portanto não abra mão daquelas pessoas incríveis em outros países. Em vez disso, reconheça que elas podem ser ideais para ajudar com situações específicas e problemas que você está lidando.
9. **Pense criativamente sobre encontrar um mentor**
   Existem pessoas que você adoraria ter como mentor, mas elas poderiam estar ocupadas demais ou hierarquicamente acima demais de você. A única maneira de descobrir é sendo um pouco criativo para abordá-las.

   Use a conexão que você desenvolveu através do LinkedIn para convidá-las para dar uma palestra em um evento de trabalho ou peça a elas para submeter um artigo para a newsletter da sua empresa. A maioria dos profissionais independentes está sempre disposta a conseguir trabalho, e esta pode ser uma ótima maneira conhecê-los pessoalmente. Se eles disserem não, agradeça-os por seu tempo e consideração. Afinal de contas, todo "não" é um passo adiante para um "sim, eu adoraria conversar sobre ser o seu mentor".
10. **Mantenha o seu perfil de LinkedIn atualizado**
    O seu perfil de LinkedIn o coloca na vitrine para mentores em potencial. Quando começa a construir relações, você verá pessoas indo ao seu perfil para aprender mais sobre você, e é importante que a sua impressao seja favorável. Invista tempo na construção da sua marca e você descobrirá que mentores em potencial estão mais do que dispostos a investir tempo em você.

Próximos Passos

Não há razão para manter o relacionamento com seu mentor online se você achar que ele progrediu para o nível seguinte. Muitas pessoas preferem uma conversa pessoalmente, enquanto outras seguem felizes com ligações telefônicas e e-mails. Isso depende realmente do que atender melhor às necessidades de vocês dois, mas como tudo que vale a pena, isso levará algum tempo para ser bem acertado.

O mentor certo pode fazer toda a diferença para a sua carreira, sua satisfação no trabalho e sua capacidade de ganhar dinheiro. Com tantos profissionais no LinkedIn e tantas maneiras de encontrar o mentor certo, o processo de pesquisa nunca foi tão fácil.

Você pode saber mais sobre a empresa de Judy em http://au.linkedin.com/in/judyhojel.

Pensamentos Finais sobre Mentores: Trabalhe na Relação

Colocar na prática as ótimas dicas de Judy é realmente o começo do processo. Eu apenas acrescentarei que o trabalho do mentor exige um investimento de tempo por parte do profissional com quem você quer trabalhar e receber ajuda, então trabalhe primeiro na construção de uma relação antes de pedir que ele seja o seu mentor. Se pedir a alguém que você não conhece para ajudá-lo sendo o seu mentor, talvez não tenha sucesso. Mas se conhecer essa pessoa com o tempo, conversando com ela, seguindo sua atividade no LinkedIn, e falando pessoalmente durante um evento, você terá uma chance muito maior.

* * *

Pesquisar por pessoas e contatá-las no LinkedIn é fácil. Torne-se ativo no site e comece a fazer o seu networking, e logo terá muitas pessoas que quer contatar. Quando enviar uma mensagem para elas diretamente, seja respeitoso e cuidadoso e lembre-se de que as pessoas desejam sentir-se únicas. O que há a respeito delas especificamente que fez com que você queira contatá-las? Desde que seja honesto e preciso, você encontrará outros usuários do LinkedIn abertos para ouvi-lo.

Qual é a outra ótima maneira de expandir a sua rede de clientes, parceiros, mentores e conselheiros potenciais? A resposta está no rebanho – a saber, Grupos LinkedIn. Siga comigo enquanto examinamos uma das ferramentas mais poderosas do site.

Capítulo 9: Poder das Tribos: Aderindo e Criando Grupos

Sabe o ditado "Diz-me com quem andas e te direi quem és"? Esse velho ditado definitivamente se aplica ao LinkedIn. Os milhões de profissionais que aderiram ao site alinharam-se em uma gama impressionante de combinações: há grupos de corporação, grupos de ex-alunos, grupos sem fins lucrativos, grupos profissionais, grupos de networking, grupos de cidades – um milhão deles em toda sorte de idioma concebível do croata ao eslovaco, passando pelo chinês e polonês. Há grupos também para ajudá-lo a aprimorar-se no LinkedIn.

Isso significa uma oportunidade incrível para prospectar e encontrar exatamente a pessoa que você quer encontrar para atingir suas metas – seja vendendo um produto, conseguindo um parceiro, contratando alguém, encontrando um trabalho, e por aí afora. As pessoas que quer encontrar estão todas esperando lá por você em grupos, e você pode aderir a até 50 grupos de cada vez.

Grupos são ótimos para construir a sua marca. Você pode responder às perguntas das pessoas e postar artigos de interesse para os integrantes do grupo lerem. Isso estabelece você como um especialista, portanto, trata-se de uma boa maneira de ser encontrado no LinkedIn por pessoas que talvez precisem dos seus serviços e queiram contratá-lo. Grupos também ajudarão o seu marketing offline: você pode ficar sabendo sobre eventos de networking que podem beneficiar a sua carreira ou negócio, e pode promover os seus eventos para indivíduos com os mesmos interesses. Você pode pesquisar por empregos (todo grupo tem um quadro de empregos) e contatar colegas integrantes do grupo, mesmo os que não sejam conexões de primeiro, segundo ou terceiro nível.

O que ajuda é que à medida que os seus interesses e metas mudam com o tempo, o mesmo pode acontecer com sua escolha de grupos. É muito simples deixar um grupo (ninguém é notificado e não há vergonha alguma nisso) e aderir a outro que se encaixe nas suas necessidades atuais. Os grupos estendem drasticamente o seu alcance. Sim, você deve acrescentar contatos de primeiro nível diariamente, ao aderir a 50 grupos com 1.000 clientes potenciais em cada um, é possível acrescentar 50.000 clientes potenciais fazer para networking e contatar a fim de conduzir em seus negócios juntos.

Aderindo a Grupos

No menu superior, clique em *Grupos > Diretório de Grupos*. Ali há uma ferramenta de *Pesquisa de Grupos* oferecendo três critérios de ordenamento (ver Figura 9.1). No primeiro campo, adicione uma palavra-chave para o tipo de assunto que quer que o seu grupo potencial trate. No campo seguinte há um menu suspenso onde é possível especificar o tipo de grupo que procura (corporativo, ex-alunos, networking, sem fins lucrativos, profissional, e por aí afora). No terceiro campo, selecione no menu suspenso qualquer um dos 45 idiomas diferentes para o grupo que você quer aderir.

Agora, digite uma palavra-chave e procure os grupos que têm seu interesse. Você será tentado a aderir ao grupo de seus pares, e essa é uma ótima ideia. Junte-se a alguns grupos na área que está envolvido de maneira que você possa permanecer atualizado a respeito dos eventos e tendências mais recentes.

Por exemplo, eu trabalho com mídias sociais, que é um campo que muda a cada minuto. Então ao estar nos maiores grupos de mídias sociais, tenho acesso ao que os líderes de ideias estão dizendo e como o panorama está mudando. Procure pelos maiores grupos no seu campo, e junte-se aos debates.

Outro benefício de participar de grupos Linkedin é que todos os grupos serão exibidos no seu perfil, e tudo conta para a sua capacidade de ser encontrado e sua credibilidade. Então eu faço parte de muitos grupos de mídias sociais e grupos do LinkedIn não apenas para aprender, mas também para ter títulos de grupos aparecendo no meu perfil. Eles são termos pelos quais quero ser encontrado, e mostram aos leitores do meu perfil que me mantenho atualizado com as tendências na minha área. Ter grupos de mídias sociais no meu perfil cria consistência em minha marca: eu ensino mídia social e faço networking com outros entusiastas e líderes de ideias de mídias sociais.

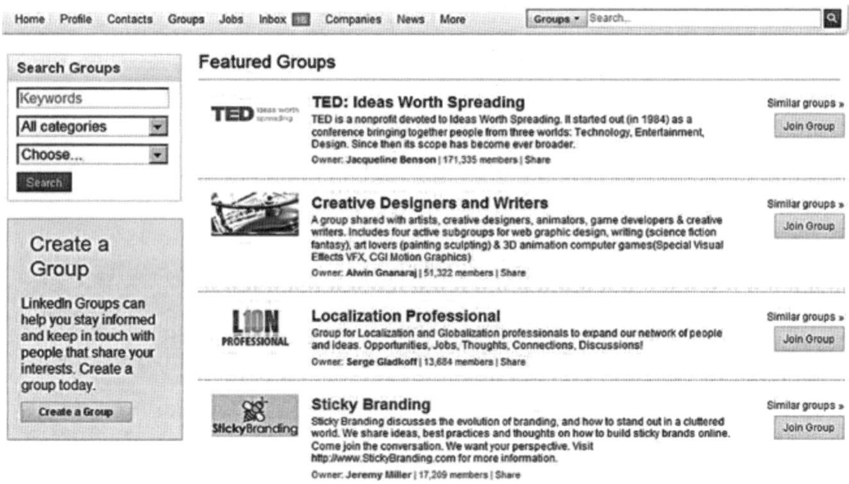

Figura 9-1. Na página de pesquisa dos Grupos, entre as palavras-chave que casam com seu interesse. Você pode aderir a eles nesta página clicando no botão *Conectar-se* à direita, ou encontrar grupos similares clicando no hyperlink *Grupos similares*. Também é possível começar um grupo a partir desta página clicando no botão *Criar um Grupo* à esquerda.

O próximo a dar é aderir aos seus grupos locais. Digite o nome da sua cidade no campo de pesquisa de palavra-chave e veja quais são os melhores grupos. Participo de grupos na minha cidade porque apesar do networking online funcionar, o contato pessoal ainda é crítico para encontrar parceiros de referência e contatar clientes para meus serviços e eventos de treinamento locais. Meus grupos me mantêm informado de eventos sociais e de networking que acontecerão bem no meu quintal.

Diversifique os Seus Grupos

Diversifique! Uma das estratégias fundamentais de se levar adiante é aderir não somente aos seus grupos de interesse ou de ex-alunos, mas também grupos em que é provável encontrar seus clientes.

Eu dei este conselho para um dos meus clientes que era um contador procurando acrescentar uma florista ao seu rol de clientes. Então ela aderiu a um grupo de floristas no LinkedIn e começou a fazer o seu networking e participar nos debates. Em poucos dias, um integrante do grupo enviou uma mensagem para ela e perguntou se fazia a contabilidade de folhas de pagamento. Afirmativo. Um novo cliente adicionado.

Como eu disse, diversifique. A seguir algumas ideias dos tipos de grupos aos quais aderir:

- A instituição de ensino onde você estudou
- Setores para os quais você vende seus produtos ou recebe insumos
- Interesse profissional ou áreas de conhecimento técnico
- Produtos e serviços que oferece
- Títulos profissionais de seus clientes ou fornecedores
- Clubes e associações
- Empresas para as quais trabalhou no passado
- Iniciativas sem fins lucrativos e passatempos que interessam a você

O mais importante de tudo: participe de grupos em que os seus clientes estarão reunidos. Na área de Pesquisa de Grupos, insira a palavra-chave ou título para os seus melhores clientes em potencial. Se vende para executivos de recursos humanos, então adicione esta palavra-chave e clique no botão azul *Pesquisar*. Quando uma lista de grupos potenciais aparecer, clique sobre o título do grupo que quer explorar, então confira alguns debates e encontre grupos que sejam ativos; debates são adicionados todos os dias. Então dê o salto: clique sobre o botão azul *Cadastrar-se*. Lembre-se, é fácil de entrar e sair, portanto não há pressão alguma. Alguns têm aceitação automática (querendo dizer que ao clicar em *Cadastrar-se*, você está imediatamente dentro). Para outros grupos, o gerente do grupo vai estudá-lo um pouco antes de concordar em aceitá-lo. Nos seis anos que estive no LinkedIn, talvez dois ou três grupos nunca me aprovaram, mas existem tantos grupos para aderir que apresentam os mesmos conteúdos que não há problema se um não me aceitar. Eu simplesmente sigo em frente para o próximo grupo.

Quando falamos em aderir a grupos, o tamanho importa. Assim que você colocar a sua palavra-chave, os grupos aparecerão classificados pelo número de integrantes. É sempre uma boa ideia aderir aos maiores grupos de maneira que você tenha exposição a mais pessoas e possa fazer mais conexões. Passe a fazer parte dos maiores grupos na sua região e você pode fazer o seu networking com várias pessoas bem no seu quintal. Também, tente combinações de palavras para localizar o grupo perfeito para sua finalidade. Inclua uma região e um campo, como *Médicos Nova York* ou *Mídia Social Phoenix*. Você precisa de citações ou termos de pesquisa booleanos (como *E* ou *Não*); o LinkedIn vai pesquisar os perfis dos grupos e selecionar grupos que contenham essas palavras no perfil.

Você pode pesquisar um grupo que está interessado em aderir, clicando no campo que diz *Estatísticas do Grupo* do lado direito próximo da parte de baixo da página do grupo. Isso abrirá uma tela que mostrará a você fatos interessantes sobre o grupo, incluindo quantos integrantes aderiram, onde eles estão localizados, quais são os títulos dos seus trabalhos, quão rápido o grupo está crescendo, e quanta atividade o grupo realiza.

Aqui vai outra estratégia para selecionar grupos: ao participar de conversas no LinkedIn e encontrar pessoas interessantes, como um parceiro, cliente, conselheiro ou concorrente em potencial, examine o perfil da pessoa e veja a quais grupos ela pertence indo até a parte final da página. Talvez você faça algumas descobertas interessantes e encontre grupos que vão lhe beneficiar, além disso é possível aderir aos grupos direto do perfil dessa pessoa. Há um + *Cadastrar-se* logo abaixo do nome de qualquer grupo ao qual você ainda não se conectou. Isso é prático se você quiser enviar uma mensagem para uma pessoa e ela ainda não é uma conexão de primeiro nível; apenas passe a fazer parte de um grupo ao qual aquela pessoa pertence e você poderá fazer isso.

Navegando com os seus Grupos

Ao aderir a um grupo após tê-lo localizado usando uma pesquisa de palavra-chave ou ao vê-lo no perfil de outra pessoa, você verá uma barra de ferramentas ao longo do topo dentro do grupo (ver Figura 9-2). A primeira aba é *Debates*. Ali é onde todo mundo está falando sobre o tópico do grupo. Para participar da discussão, apenas clique sobre um título de uma postagem e você verá um espaço para acrescentar o seu comentário. Ao comentar sobre debates e acrescentar informações relevantes e proveitosas, você aumenta a sua presença no grupo e reforça sua marca. Quando as pessoas veem o que você escreveu, elas podem clicar na sua foto, ler o seu perfil e contatá-lo para aprofundar a conversa sobre trabalhar juntos.

O que mais é possível fazer na área de Debates? Embaixo de cada postagem de discussão, há uma lista de opções. Você pode fazer o seguinte:

- Curtir, o que mostra um sorriso na página de discussão. Isso ajuda a aumentar a consciência da sua marca. E também atualiza o seu status, no sentido de que todas as suas conexões de primeiro nível também veem a sua ação nas suas páginas iniciais.
- Comentar e abrir a possibilidade de alguém conectando-se por algo que você disse.
- Seguir a discussão e conseguir atualizações de e-mail na linha de discussão.
- Clicar *Marcar* para sinalizar a postagem para a atenção do gerente do grupo.
- Clicar em *Mais*, o que abre um menu suspenso com duas escolhas: você pode clicar em *Compartilhar Link* e poderá enviar a discussão para outros grupos ou outros integrantes do LinkedIn (se estabelecendo como um líder de ideias prestativo no site), ou pode clicar em *Responder Privadamente* para abrir um campo de texto onde você possa iniciar uma conversa diretamente com o integrante que fez a postagem. Isso possibilita que você se conecte com aqueles que estão abertos para receber a sua ajuda ou que podem estar em uma posição para ajudá-lo em suas metas.

A próxima aba na página de um grupo é *Integrantes*; clique sobre ela e você verá todos os integrantes no grupo ordenados por aqueles mais próximos de você (primeiro nível, então segundo nível, etc.). Isso exibirá as pessoas com quem talvez você queira conectar-se. Existe até uma pesquisa por palavra-chave de integrantes. No canto superior esquerdo da página, diz *Pesquisar Integrantes;* ali você pode colocar um título, uma cidade, ou qualquer coisa para ordenar os membros. Por exemplo, eu faço parte do grupo *Branded Entertainment* com mais de 4.000 integrantes. Se eu colocar minha cidade, Tampa, no campo de pesquisa, encontro 17 integrantes; são pessoas interessadas em um tópico, com quem eu posso conectar-me.

A próxima aba é *Promoções*, para onde vão as postagens promocionais e que o gerente acha que não se encaixam na área de Debates. A próxima aba é *Empregos*, onde há postagens de empregos pagos. Também nessa seção estão as postagens de empregos adicionados gratuitamente pelos membros do grupo; do lado esquerdo, clique sobre o hyperlink *Debates sobre Empregos* para conseguir essas ofertas. Há uma aba de *Pesquisa* para encontrar debates por palavra-chave. A última aba, *Mais*, é onde você clica em *Suas configurações* para ajustar quão seguidamente e de que maneira os membros do grupo e o gerente podem enviar mensagens para você.

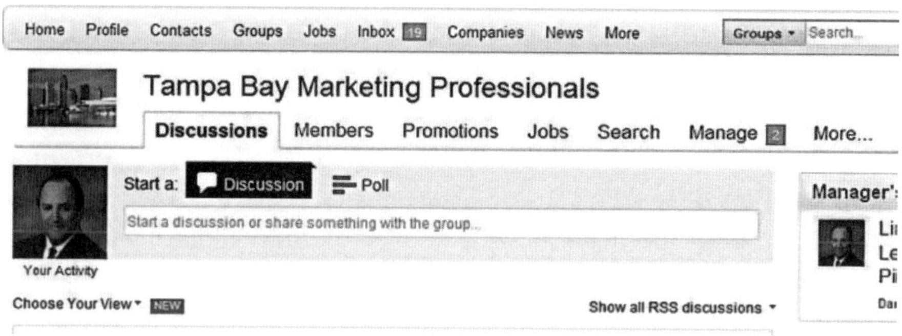

Figura 9-2. As abas no topo dentro dos grupos possibilitam o seu acesso a muitas informações, incluindo quem são os membros, quais vagas são oferecidas, e como controlar as suas configurações de grupo.

Quando encontrar um grupo de que você gosta, uma estratégia interessante é enviar uma mensagem para o gerente do grupo e oferecer se conectar a ela (isto é, tornar-se uma conexão de primeiro nível). Se ele iniciou e gerencia um grupo bastante grande em uma área que interessa a você, ele seria uma pessoa interessante de se conhecer. Dentro do grupo, clique em *Mais > Perfil do Grupo* e procure por *Sobre este Grupo* à direita. Ali você verá o nome do gerente do grupo como um hyperlink para o seu perfil. Analise o perfil e envie uma mensagem para ele com uma apresentação e se oferecendo para ser um moderador ou qualquer outra coisa que possa fazer para cooperar, como ajudar a organizar encontros locais.

Enviando Mensagens para Integrantes do Grupo

Um forte motivo para aderir a muitos grupos é poder enviar mensagens às pessoas diretamente mesmo que você não seja uma conexão de primeiro nível e sem gastar dinheiro com o InMail. Então se há alguém com quem você quer se conectar, digamos uma conexão de segundo ou terceiro nível, dentro do grupo, vá para *Integrantes* e destaque a pessoa passando o mouse sobre o nome dela. Você verá do lado direito duas escolhas em hyperlink: *Convidar para conexão* e *Enviar Mensagem*. Clique em *Enviar Mensagem* e um campo de texto vai se abrir para a sua mensagem. Se aderir a 50 grupos com 1.000 clientes potenciais cada, isso representa 50.000 pessoas para enviar uma mensagem e procurar por maneiras de fazer negócios juntos. A maioria dos grupos tem muito mais do que 1.000 pessoas, então o seu potencial para atingir a pessoa certa é ilimitado.

Deixando um Grupo

"Partir é uma dor tão doce", disse Julieta para Romeo na história imortal dos amantes desventurados de Shakespeare. E assim é com os grupos. Você aderiu ao grupo achando que seria uma maravilha, mas tornou-se uma perda de tempo? Então tem sentimentos contraditórios sobre o grupo. Você deve ficar, ou seguir em frente? Se decidir deixar o grupo, não há problema. Você pode deixá-lo a qualquer momento simplesmente indo à página do grupo; no menu de cima no grupo clique em *Mais > Suas Configurações* e encontre o botão *Sair do Grupo* na parte inferior à direita. Clique nela, e você está automaticamente fora do grupo.

Como gerente de grupo, eu posso lhe dizer que não há estigma algum envolvido nisso; ninguém fica sabendo a não ser você. Ninguém é notificado. Então você pode trocar de grupo dentro dos seus 50 grupos permitidos quantas vezes quiser para adequar-se à suas necessidades atuais, e ninguém vai perceber isso.

Os grupos abrem toda uma gama de possibilidades para você em termos de aprender coisas novas, encontrar pessoas novas, conectar-se com clientes em potencial e estabelecer a sua marca. E como eles dizem na TV: *Mas Espere! Tem Mais!* Você pode começar o seu próprio grupo e construir uma máquina de prospecção de clientes perpétua.

Criando um Grupo

Você ouviu falar da Regra Dourada? A que diz: Aqueles que têm o ouro fazem as regras. Bem, o LinkedIn oferece a você a chance dourada e o controle, ser o maioral e fazer todas as regras. Tudo que precisa fazer é começar o seu próprio grupo, e você pode criar até dez deles. Uma vez que fizer isso, você está em uma posição para estabelecer-se como um líder de ideias, ganhar credibilidade, ser encontrado para oportunidades e expandir suas capacidades de networking. Também, e muito importante, você pode usar ferramentas de automação de gerenciamento de grupo para criar um sistema de clientes em potencial e tráfego do site para a sua porta vinte e quatros horas por dia, recebendo indicações enquanto dorme.

Para dar o pontapé inicial, pense em uma ideia para um grupo – talvez um grupo que combine localidade e setor, ou um grupo que lhe interesse. Faça um grupo em que seus clientes em potencial possam se reunir. Digamos que você venda equipamentos de computador; poderia criar um grupo para profissionais de TI. Se você vende treinamento de vendas, comece um grupo para VPs de vendas. Qualquer que seja a sua especialidade, qualquer que seja o produto que você vende, você pode começar um grupo naquele campo e começar a fazer networking com clientes em potencial. Uma estratégia é começar um grupo local para seus clientes, que permita que você encontre as pessoas e então leve as conversas para um ambiente offline. Se seu foco são os gerentes de vendas, em vez de um grupo de gerentes de vendas, você cria "Gerentes de Vendas Portland" ou qualquer que seja a sua localidade.

Para começar o processo, primeiro clique em *Grupos* no menu superior, então clique em *Criar um Grupo*. Você verá um formulário muito simples que pode ser preenchido em dois minutos para começar a promover o seu grupo imediatamente. A seguir o que você precisará acrescentar:

- **Logo.** Deve ser algo limpo e profissional. Mais pessoas vão aderir se você tiver um logo em vez da imagem padrão do LinkedIn. Pode ser uma imagem livre de direitos autorais na Internet.
- **Nome do grupo.** Esse pode ser tão longo quanto você quiser, mas você pode usar até quatro palavras que criem uma mensagem concisa sobre o assunto do grupo. Tenha em mente ao criar o seu nome que ele será buscado na pesquisa de palavras-chave no LinkedIn. Certifique-se de que ele contenha a palavra-chave que você acha que os integrantes do seu grupo em potencial estarão digitando para encontrar grupos para aderir.
- **Tipo do grupo.** Você tem várias escolhas aqui, incluindo profissional, networking, corporativa e por aí afora. Escolha a que melhor se aplica à sua proposta.

- **Resumo.** Esta deve ser uma declaração orientada para o benefício: o que as pessoas vão ganhar ao juntar-se ao seu grupo? O que elas têm a ganhar com ele?
- **Descrição.** Elabore sobre os benefícios do seu grupo e acrescente detalhes sobre o que as pessoas devem conversar a respeito, se esse grupo será online somente ou incluirá eventos offline, e como contatá-lo se elas tiverem perguntas. Inclua palavras-chave que você acha que as pessoas usarão para encontrar o grupo, tendo em vista que é ali que o LinkedIn procura quando alguém faz uma pesquisa.
- **E-mail do dono do grupo.** Inclua um endereço de e-mail e confira frequentemente se alguém posta uma oportunidade.
- **Site.** Coloque o endereço do site ou blogue da sua empresa aqui de maneira que você possa dirigir o tráfego para o seu site do seu grupo.
- **Acesso.** Há algumas configurações que você precisa selecionar para terminar o processo. Uma é selecionar *Participação automática* ou *Solicitação de participação.* Com a *Participação automática*, quem quiser se cadastrar é aceito imediatamente enquanto a *Solicitação de participação* quer dizer que você tem de aprová-las. A opção *Solicitação de participação* dá mais trabalho, pois você precisa aprovar todas as pessoas. Eu uso agora a *Participação automática* e deixo quem quiser aderir aos meus grupos que passe a fazer parte deles – é fácil de removê-las mais tarde se você precisar. Entretanto, se você está começando um grupo para um segmento muito específico de pessoas – digamos, os seus clientes *premium*, ou aqueles com uma determinada graduação ou formação – então use a *Solicitação de participação* para selecionar os clientes.
- **Grupo aberto ou somente para integrantes.** No final deste formulário, você será perguntado se quer que este seja um grupo Aberto ou para Integrantes Somente. Se você está criando o grupo para ser um gerador de tráfego, definitivamente escolha *Aberto*, à medida que as discussões podem ser vistas por qualquer um no LinkedIn e pesquisadas no Google também. Além disso, em um grupo aberto, as pessoas que não são membros podem mesmo assim adicionar discussões de qualquer lugar na rede LinkedIn, o que encoraja mais participação.

Promovendo o Grupo

Assim que você criar seu grupo, ele terá um URL próprio. O link é bastante longo e feio; para enviá-lo para outros, você pode ir para um site que encurta esses endereços gratuitamente, como Bit.ly ou Tinyurl.com, para criar um link menor. Assim que você tiver feito isso, aqui vão algumas ideias sobre como promover o seu grupo:

- Envie o URL por e-mail para quaisquer contatos que possam estar interessados em aderir ao grupo.
- Acrescente o URL à sua assinatura de e-mail.
- Adicione-o à sua atualização de status no Linkedin regularmente, convidando suas conexões de primeiro nível a aderir ao seu grupo. (A sua atualização de status aparece em todas as páginas iniciais de suas conexões de primeiro nível). Eu coloco o link para aderir ao meu grupo Link Success with Dan Sherman, na minha atualização de status mais ou menos uma vez por semana.

Para promover o seu grupo, clique em *Gerenciar*, e você terá uma ampla gama de métodos para atingir integrantes potenciais para o seu grupo. Aqui é possível:

- **Enviar convites.** Esta opção permite convidar seus contatos de primeiro nível a aderir ao seu grupo. Clique nele, e aparecerá o formulário de convite. Você verá o logo "in" azul próximo do campo marcado *Conexões*. Clique sobre ele, e você verá todas as suas conexões de primeiro nível. Você pode clicar em 50 pessoas de cada vez e convidá-las a aderir ao seu grupo. Se você está criando um grupo local, então selecione conexões naquela localidade. Se está criando um grupo setorial, selecione por setor. Então apague a mensagem de boas-vindas do LinkedIn que convida as pessoas a aderir ao grupo. Componha a sua própria mensagem pessoal que explica porque começou o grupo, qual a finalidade e como beneficiará as pessoas que aderirem a ele. Então envie os seus convites.
- **Link do Grupo.** Clique em *Enviar convites* para ter a tela do convite, e você verá *Link de participação no grupo* no canto in-

ferior esquerdo. Este URL o leva direto à página do seu grupo de LinkedIn. Copie e cole isso nas suas atualizações de *status* e postagens em outros sites de mídia social como o Facebook e o Twitter; coloque o link no seu site, na sua assinatura de e-mail, e no seu Perfil de LinkedIn. Isso vai proporcionar uma exposição mais ampla para o seu grupo, e você terá mais membros como resultado.

Com o tempo o seu grupo vai crescer lentamente. Quando alguém passa a fazer parte do seu grupo, esse fato aparece nas atualizações de *status* dessa pessoa, o que também aparece em todas as páginas dos contatos de primeiro nível dela. Quando um amigo do seu contato vê que ela aderiu ao seu novo grupo, ele pode ser inspirado a aderir também se estiver interessado no assunto.

Criando Subgrupos para Ter mais Influência

Em *Gerenciar* no seu grupo, bem embaixo no menu à esquerda está *Subgrupos*. Essa ferramenta amplia a sua capacidade de criar grupos, porque você pode ter dez subgrupos para cada um dos dez grupos que você tem direito. Digamos que você crie um grupo em torno de uma paixão, *start-ups*, por exemplo, onde pode falar a respeito de criar "o próximo" Google ou Apple. Você poderia criar subgrupos para diferentes localidades país afora, como "Start-ups Denver" ou "Start-ups Houston", o que possibilitará criar e enviar mensagens focadas para pessoas se você está planejando um evento nesta cidade.

Subgrupos dão a capacidade de ampliar a sua influência e também criar grupos altamente focados de profissionais. Você pode enviar uma mensagem diferente para cada subgrupo que promove coisas diferentes ou discute aspectos diferentes do tópico do seu grupo. O processo para criar um subgrupo é idêntico àquele para criar um grupo; é apenas uma parte do seu grupo maior.

Subgrupos dão a você flexibilidade. Digamos que queira que o seu grupo principal seja aberto e aceite automaticamente qualquer um. Você poderia tornar os subgrupos mais seletivos de maneira que teria de aprovar todos que quisessem entrar neles.

Expandindo o seu Negócio em um Grupo

Assim que tiver os seus grupos estabelecidos, você pode usá-los não apenas para construir a sua marca pessoal, como também para expandir suas listas de clientes potenciais através da automação. Veja o que faço com meus grupos: mantenho dois grupos no LinkedIn. O primeiro é o Tampa Bay Marketing Professionals, com mais de 3.700 integrantes; esse grupo é para profissionais em vendas, marketing, propaganda e relações públicas para fazer networking e compartilhar oportunidades. Apesar de ele dizer Tampa Bay, pessoas do mundo todo aderem a ele, o que é muito bom para mim – isso aumenta a minha exposição. Esse grupo ajuda a minha marca pessoal imensamente como profissional da internet e especialista em mídia social.

Meu segundo grupo é o Link Success with Dan Sherman, que criei para proporcionar um lugar para conversas em torno de alcançar metas profissionais usando o LinkedIn. Esse grupo também me proporciona a oportunidade de vender minha marca como um especialista em LinkedIn e mídias sociais.

Então, como esses grupos me ajudam a criar a minha marca e atrair mais oportunidades para mim como um especialista em LinkedIn? Vamos analisar algumas maneiras.

Escolha do Gerente

Quando começa um grupo, uma das áreas sobre as quais tem controle total é a parte principal do grupo, a área de discussão. Você pode selecionar quais debates aparecem no site, e pode escolher não aceitar outros debates. Para configurar como quer que a seleção de debates do seu grupo aconteça, clique em *Gerenciar*, então clique nas *Configurações do Grupo* à esquerda. Sob *Permissões*, é possível escolher ter tudo submetido a você para aprovação, ou você pode configurá-lo para onde as postagens de todas as pessoas apareçam automaticamente.

Nos meus dois grupos, eu configurei Tamba Bay Marketing Professionals de maneira que todas as discussões submetidas sejam automaticamente postadas, pois trata-se de um grupo bastante diverso em termos dos seus integrantes e interesses. (Há ainda a opção de deletar discussões inapropriadas ou movê-las para outras áreas). No Link Success with Dan Sherman, configurei o grupo de maneira que preciso aprovar todas as discussões, tendo em vista que este é um grupo muito focado que trata somente a respeito do LinkedIn, então quero um controle mais rigoroso.

Em ambos os grupos, posso tornar qualquer debate que eu quiser o mais proeminente selecionando-o como *Escolha do Gerente.* Ele aparece então na parte superior direita da página inicial do grupo, então é a primeira coisa que as pessoas veem quando vão ao grupo. Uso este espaço como um *banner* para qualquer coisa que eu esteja promovendo no momento. É fácil tornar um debate no seu grupo uma Escolha do Gerente; apenas clique sobre o título do debate, abra-o e clique no *Escolha do Gerente* com hyperlink bem em cima do debate.

Anúncios

Como gerente de grupo, eu posso enviar um anúncio a cada sete dias para os integrantes do meu grupo que chegará em suas caixas de entrada de e-mail regulares. Uso esta ferramenta com bastante frequência com meu grupo de Tampa para anunciar treinamentos de LinkedIn locais que estarei ministrando. Na mensagem, escrevo um assunto que chame a atenção e incluo um link para um convite online para meu treinamento. (Eu uso o Eventbrite.com para muitos de meus treinamentos, que é um site para organização de eventos e arrecadação de taxas com um conjunto robusto de ferramentas de gerenciamento). Então tenho uma lista focada de e-mails de 3.700 pessoas para quem enviar minhas mensagens. Há aproximadamente cinco pessoas por dia inscrevendo-se no meu grupo, então minha lista de e-mails cresce organicamente.

Para fazer anúncio, vá para *Gerenciar* no seu grupo e selecione *Enviar um anúncio* do menu à esquerda.

Modelos

Automatizei completamente ambos os meus grupos com mensagens que vão para qualquer profissional de marketing que queria aderir ao grupo. O que essas mensagens fazem é me apresentar e promover o que posso fazer pessoalmente por esses profissionais. Elas também fornecem meus sites, produtos e recursos, e mostram como contatar-me para avançar a relação.

Essas mensagens estão completamente automatizadas e trabalham permanentemente para mim, promovendo meus treinamentos de LinkedIn e ajudando a construir a minha marca com pessoas do mundo todo que passam a fazer parte dos meus grupos. Vamos ver como são as duas mensagens.

Veja agora o que os usuários do LinkedIn recebem na sua caixa de correio quando se cadastram no meu grupo de Tampa. Observe que eu estou vendendo a minha marca e divulgando meu URL, onde eles podem aprender mais sobre mim:

> Obrigado por solicitar participação no Grupo Tampa Bay Marketing Professionals. Eu sou Dan Sherman, Gerente do Grupo, e aprovo a sua solicitação.
> Dan Sherman, Especialista em LinkedIn, Coach de Mídias Sociais, Treinador, Autor e Palestrante
> http://www.LinkedSuccess

Tenho este grupo configurado para aceitar automaticamente todo mundo. Uma vez que eles tenham sido aceitos automaticamente no grupo, eles recebem a mensagem a seguir na sua conta de Gmail ou hotmail, ou qualquer outro programa que estejam usando:

> Você quer desenvolver o seu negócio? Aprenda técnicas de LinkedIn avançadas consultando Dan Sherman, especialista em LinkedIn. Escreva para meu e-mail dan@linkedsuccess.com.
> Seja bem-vindo ao nosso grupo de profissionais em todas as áreas de marketing, vendas, relações públicas e propaganda. Como gerente do grupo, eu o encorajo a participar ativamente fazendo perguntas, oferecendo conselhos, e avisando sobre os eventos que acontecerão relacionados à nossa profissão.
> Eu sou um networker receptivo, pois aceito todos os convites para conectar-me. Por favor, convide-me para conectar-me com você. Mais uma vez, seja bem-vindo, e conte comigo para ajudá-lo a alcançar as suas metas de negocios com o LinkedIn.
> Dan Sherman / Especialista em LinkedIn
> http://www.linkedsuccess.com
> dan@linkedsuccess.com

Como você pôde ver, estou promovendo o meu treinamento de LinkedIn; vendendo a minha marca como um especialista; e fornecendo um URL para o meu site principal, onde há mais informação a meu respeito; estou construindo a minha esfera de influência; e fornecendo meu e-mail e número de telefone para que as pessoas possam me contatar.

Esses modelos são fáceis de configurar. No seu grupo, clique em *Gerenciar* na barra de ferramentas superior, selecione *Modelos* do menu à esquerda, e então observe a tela *Gerenciar Mensagem Modelos*, onde você cria táticas mensagens automáticas para as pessoas que se candidatam ao seu grupo e são aceitas. (Ver Figura 9-3). Também é possível enviar a si mesmo uma mensagem de texto a partir dessa tela de maneira para ver como a sua mensagem aparece na sua caixa de entrada. Se você incluir URLs, certifique-se de adicionar o *http://* de maneira que tenham configurações de hyperlinks.

Figura 9-3. A seção de Gerenciar Grupo fornece uma ampla gama de ferramentas para gerenciar o seu grupo e muitos métodos de comunicação para estabelecer a sua marca pessoal.

Com essa ferramenta, é possível:

- Criar uma oferta gratuita.
- Dirigir novos integrantes para um lugar a fim de assinarem sua newsletter.
- Dirigir as pessoas para um site onde você pode capturar os endereços de e-mail delas em troca de um relatório gratuito.
- Vender um curso ou promover um evento.
- Proporcionar uma maneira de contatá-lo ou conectá-lo em outros sites de mídia social.

As possibilidades são infinitas, e elas são automatizadas, de modo que é possível aumentar a sua lista de e-mail e fazer vendas dormindo.

Uma Escolha Inteligente de Nome e Logo

A seguir, vejamos outra maneira criativa que uso grupos para fortalecer minha marca pessoal e criar mais visibilidade para mim mesmo. É através do uso do meu nome e um logo muito inteligente para o meu grupo, Link Success with Dan Sherman. Vendo minha marca com o nome do grupo através da associação do meu nome (minha marca) com Link Success. (Devido a restrições de direitos autorais, o LinkedIn não permite que ninguém use o nome da sua empresa em um título de um grupo).

O logo é a minha marca também. Entre no LinkedIn, vá para *Grupos > Diretório de grupos*, e pesquise pelo meu grupo, Link Success with Dan Sherman. Então cadastre-se! Vá por mim, você gostará do grupo. Agora o grupo aparecerá na sua lista de grupos no seu perfil. No logo do grupo, coloquei minha imagem sorrindo.

O que isto quer dizer é que estou vendendo a minha marca com meu rosto no *seu* perfil e no perfil de todas as pessoas que aderirem ao grupo. E meu rosto (que é parte da minha marca como palestrante) aparece próximo das palavras *Link Success with Dan Sherman*, que pode ser interpretado como sucesso com o LinkedIn. Isso proporciona um reforço da minha marca como uma especialista em LinkedIn. Então quanto mais pessoas aderirem ao grupo, mais a minha marca crescerá no LinkedIn.

Este é um exemplo de como ser criativo com grupos para se estabelecer como líder de ideias no seu campo e ter outras pessoas à sua procura.

Engajando os Integrantes do Grupo

Ao começar um grupo, você precisa assumir a liderança e iniciar as conversas de maneira proativa, postar notícias oportunas, e reagir rapidamente aos debates e perguntas dos outros. Isso inclui moderar debates e remover postagens que distraem e são apenas promoções pessoais descaradas e que não contribuem com nada para o seu grupo. À medida que o número dos seus integrantes cresce, os debates surgem sem que você precise iniciá-los, mas é importante conferir o engajamento e gerar debates regularmente.

Uma tática é compartilhar postagens que valham a pena e que os seus membros achariam interessantes. É fácil de fazer, já que toda postagem de grupo contém uma ferramenta de compartilhamento onde você pode selecionar outros grupos nos quais exibi-la. Apenas clique em *Mais > Compartilhar Link* sob uma postagem quando quiser colocar uma postagem de outro grupo no seu. Ao clicar no link, ele abre o campo de Compartilhamento que permite a publicação da discussão na sua atualização, em grupos, ou o envio para outras conexões no LinkedIn.

Outra estratégia é ler blogues da área e, quando encontrar uma postagem que interessaria aos integrantes do seu grupo, compartilhá-la. Por exemplo, eu gosto de compartilhar artigos interessantes sobre o LinkedIn com os meus dois grupos. Então regularmente leio dois dos mais conhecidos blogue de mídias sociais, Mashable e Tech Crunch. Quando leio um artigo que os integrantes do meu grupo apreciariam, eu uso as ferramentas de compartilhamento e os adiciono aos meus grupos.

Gerando Tráfego no Site com Grupos

Quero compartilhar com você uma estratégia a mais que para transformar os integrantes do seu grupo em tráfego sólido para o seu blogue. É algo simples e fácil de fazer.

Digamos que você tenha um blogue e queira mais leitores visitando-o e conhecendo sua competência e seus produtos. Basicamente, toda vez que você criar uma nova postagem no blogue, adicione ele como uma discussão em um grupo onde os integrantes apreciariam o assunto. Encontre o grupo no qual quer publicar a postagem do seu blogue e vá para *Inicie um debate*. Descreva qual é o assunto da postagem no primeiro campo; em seguida, na área *Adicionar mais detalhes*, forneça mais razões porque as pessoas deveriam estar interessadas; por fim, clique no logo do clipe em

Anexar um link e anexe um link que vai diretamente à página da internet com a postagem do blogue.

Então, uma vez que o debate tenha sido publicado, clique em *Mais > Compartilhar Link* sob a postagem do debate. Isso abrirá um campo *Compartilhar*. Selecione a caixa junto à linha que lê *Postagem para Grupo(s)*. Isso abrirá um campo no qual se vê *Grupos*. Onde diz *Comece digitando o nome do grupo*, digite a letra *a*, então *b*, então *c* e por aí afora. O LinkedIn completará os nomes de todos os grupos dos quais você é um integrante. Selecione os grupos que são relevantes para a sua postagem do blogue e os adicione; preencha *Assunto* e *Detalhes*, então clique o botão azul *Compartilhar*. A sua postagem, aparecerá agora simultaneamente em todos os seus grupos com um link para o seu blogue. Membros do grupo podem clicar nele, ler a sua postagem e, se ficarem intrigados, podem mais postagens, aprendendo mais sobre você e talvez assinando sua newsletter.

Isso possibilitará que milhares de integrantes do grupo visitem o seu blogue e aprendam mais sobre o que você tem a oferecer. Eu o aconselharia a respeito de duas questões: primeiro, não use excessivamente essa estratégia. O ideal é aplicá-la uma ou duas vezes por semana de maneira que não inunde os seus grupos. Segundo, certifique-se de que a postagem do blogue é relevante para o assunto abordado pelo grupo. Por exemplo, publicar uma postagem sobre o mercado imobiliário em um grupo sobre tendências médicas estragaria o propósito da estratégia.

* * *

Então comece a aderir a grupos, interagir e contatar as pessoas com quem quer fazer negócios. Orgazize os seus próprios grupos para ajudá-lo a promover sua marca pessoal e metas profissionais. Você ficará impressionado com as possibilidades. No capítulo a seguir, falarei sobre uma maneira incrivelmente efetiva de se estabelece como especialista e atrair negócios: LinkedIn Respostas.

Capítulo 10: É Dando que se Recebe: Respondendo e Fazendo Perguntas

O LinkedIn oferece muitas oportunidades. Primeiro, é um sistema de gerenciamento de contatos que supera qualquer outro no mercado. Eu costumava ser um devoto do ACT! Comparando os dois, o LinkedIn é como um dos games online com múltiplos jogadores enquanto o ACT! seria o *Pong*.

Segundo, o LinkedIn é um site gratuito multimídia gerador de indicações e que engaja o seu leitor, transmite conteúdo e atrai tráfego focado para o seu site o tempo todo.

Terceiro, ele é uma gigantesca enciclopédia de conhecimento personalizada onde você não só pode se estabelecer como um líder de ideias mundial, como também atrair negócios para você com base em seu conhecimento *e* poupar em honorários de consultoria. O lugar que você faz tudo isso? LinkedIn Respostas.

Essa seção importante é onde você pode publicar conhecimento no seu campo de conhecimento respondendo a perguntas. Ao colocar-se publicamente, você se torna um líder de ideias, e oportunidades de vendas e mídia começarão a fluir na sua direção. Você também pode fazer perguntas, e isso traz em si um benefício significativo em termos da venda de sua marca pessoal e economia de muito dinheiro em honorários de consultoria.

Como Responder Perguntas

Vamos começar respondendo perguntas. Ao longo da barra de ferramentas superior, clique sobre *Mais > Respostas*. Isso o levará à Página Inicial de Respostas. A quinta aba, bem à direita, é a aba *Responder Perguntas*. Clique nela e navegue no menu à direita de todas as áreas diferentes onde as pessoas estão procurando por conhecimento, de Mercados Financeiros a Finanças Pessoais, de Gerenciamento à Tecnologia (ver Figura 10-1). Todos os títulos na coluna são hyperlinks, e ao clicar em um, o LinkedIn exibe perguntas da sua rede sobre aquele tópico. Tudo que você tem a fazer é clicar sobre a pergunta e respondê-la.

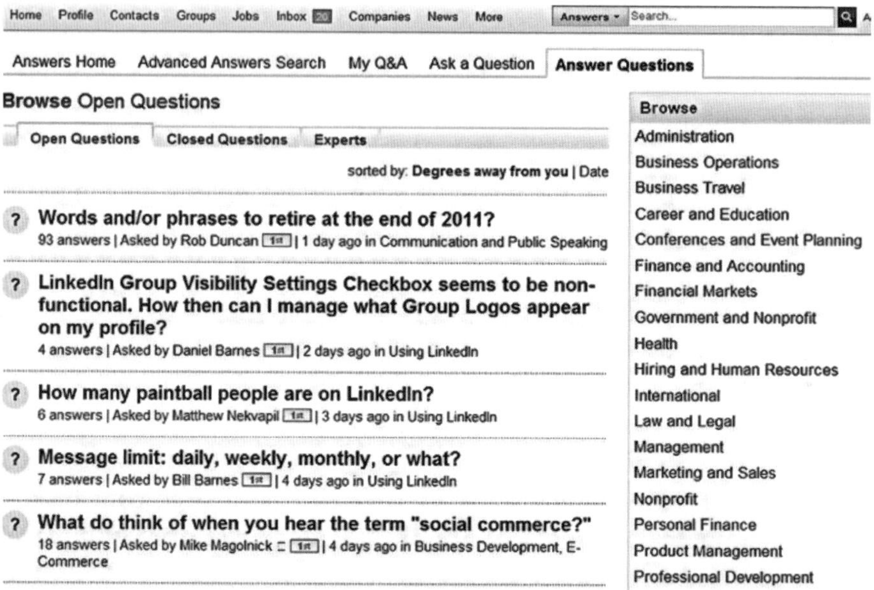

Figura 10-1. A aba *Responder Perguntas* exibe discussões abertas que você pode responder e uma lista de categorias do lado direito.

Ao responder uma pergunta, a sua resposta é listada naquela página juntamente com o seu nome de perfil e título. Desta maneira, quem ler atentamente as perguntas pode ler o seu sábio conselho, clicar no seu nome, e ir direto ao seu perfil para descobrir mais a respeito do que você faz, proporcionando-lhe uma exposição valiosa. Quanto mais perguntas responder, mais visibilidade conseguirá no LinkedIn e maior a sua chance de as pessoas se conectarem a você (o que expande a sua rede de conexões de primeiro nível). Já ouvi histórias de usuários do LinkedIn recebendo milhares de dólares em trabalhos de consultoria apenas por doar seu tempo para responder perguntas.

Quanto mais perguntas responder, maior a chance de ser considerado um Especialista no LinkedIn. Quando a pergunta encerrar em sete dias, quem perguntou tem a chance de avaliar as respostas. Se a sua resposta for escolhida como a melhor, você receberá uma estrela próximo do seu nome na seção de Respostas, e aparecerá em uma lista de especialistas para aquele tópico. Também, o seu *status* de especialista é exibido no seu perfil. Assim, quem procura um especialista em qualquer tópico profissional listado no LinkedIn o encontrará.

Responder uma pergunta permite proporcionar valor para alguém que precisa de conhecimento. Se a sua resposta for boa, a pessoa clicará no seu perfil para ver quem você é, baixar os seus artigos e ver os seus vídeos e então visitar o seu site. Trata-se de uma grande publicidade para você e talvez um dos melhores métodos para conseguir promover o seu nome.

Você pode ser até mais proativo, indo além de apenas responder à pergunta. Simplesmente adoro quando um cliente em potencial ergue a sua mão e se identifica como alguém precisando do que eu ofereço. Fica mais fácil localizar as pessoas com quem posso fazer negócio. Quando alguém faz uma pergunta, é porque precisa de ajuda.

Com isso em mente, antes de você submeter a sua resposta, o LinkedIn fornece um campo de texto na parte de baixo que diz, *Escreva uma nota para "nome" (opcional)*. Aqui você tem uma chance de incluir uma mensagem direta para a pessoa que fez a pergunta e que vai cair direto na caixa de entrada do LinkedIn dela.

Obviamente, essa pessoa tem uma necessidade em uma área em que você é especialista. Então você responde a pergunta publicamente *e* responde privadamente com algum tipo de oferta. Você pode sugerir que a pessoa aproveite qualquer uma das ofertas a seguir, como:

- Uma consulta gratuita por telefone.
- Ver um vídeo que você fez sobre o tópico.
- Um programa de treinamento no qual a pessoa pode conseguir ajuda.
- Um livro seu que proporciona uma ajuda mais aprofundada.
- Um webinário que você está conduzindo.

No meu caso, tornei um hábito passar 20 minutos cada manhã respondendo a perguntas no tópico em que sou um especialista. Isso me ajuda muito:

- Ao me apresentar para pessoas que são eleitores potenciais do meu livro e possíveis clientes de meus treinamentos online no LinkedIn.
- Adicionando contatos à minha rede porque muitas pessoas que ajudo nas Respostas me enviam um convite para me conectar.
- Ao me apresentar a parceiros que conferem meu perfil após eu responder uma pergunta e me escrevem propondo que trabalhemos juntos. Eu fui convidado para ensinar estratégias de LinkedIn em consequência disso, o que me expôs a públicos maiores que compraram meus serviços de consultoria. Foi assim também que conheci a especialista em mentores Judy Hojel, apresentada no Capítulo 8. Além disso, não há limites para suas respostas; você pode responder quantas perguntas quiser.

Respondo perguntas para me estabelecer como um líder de ideias usando o LinkedIn enquanto aumentando minha lista de clientes e parceiros. Como consultor de LinkedIn, responder a perguntas também me proporciona um grande *insight* sobre quais áreas as pessoas têm dificuldades, e assim posso inserir as respostas nos meus treinamentos online sobre LinkedIn. É uma pesquisa de mercado gratuita; não importa o campo que estiver atuando, você pode usar as Respostas para descobrir quais são as questões mais prementes do momento em sua área. Respondo pelo menos cinco perguntas por dia, e se você fizer isso também, gradualmente verá resultados.

Fazendo Perguntas

Quanto a fazer perguntas, podem ser feitas até 10 por mês. Eu as faço por duas razões: primeira, eu poupo em honorários de consultoria; segunda, divulgo minha marca gratuitamente.

Não sei tudo! Sim, é surpreendente se dar conta disso, mas é verdade. Ao fazer perguntas, tenho acesso à sabedoria global combinada de minha grande rede de 23 milhões de contatos para me ajudar pelo preço incrivelmente baixo de nada, zero, *nothing*.

Fiz 100 perguntas no LinkedIn, e muitas das minhas perguntas são sobre questões técnicas sobre a construção de um site (como problemas de HTML), que eu simplesmente desconheço porque não sou um especialista em códigos. Ou eu peço recomendações de programas de software necessários para tocar o meu negócio. Então façamos os cálculos. Um consultor típico recebe algo entre US$100 e US$ 300 por uma hora. Se eu tivesse de contratar um consultor para responder estas perguntas e fosse cobrado US$ 100 por hora, eu teria gasto mais de US$10.000. Mas eu recebo mais de uma resposta para cada pergunta, e não paguei nada por isso.

Existe um termo para definir isso: *crowdsourcing*. Basicamente, você se conecta com a sabedoria da multidão para atingir as suas metas. Um setor inteiro surgiu em torno de usar a Internet para os serviços e soluções proporcionados pelo *crowdsourcing*, e existem sites de *crowdsourcing* em todos os campos, notadamente design gráfico (um dos melhores exemplos é www.99designs.com). Alguns custam dinheiro; outros não. O LinkedIn Respostas é como um *crowdsourcing* gratuito.

Portanto, fazer perguntas me possibilita poupar dinheiro em honorários de consultoria. E já que o LinkedIn armazena todas as perguntas que fiz juntamente com as respostas, posso voltar a qualquer momento e consultá-las. É como ter minha própria enciclopédia personalizada de informações criada por especialistas mundo afora. Explorar a sua rede da próxima vez que tiver um problema. Você recebe respostas de maneira rápida e gratuita e que vão lhe ajudar.

Como Fazer Perguntas

Como fazer uma pergunta? Quando clicar em *Mais* na barra superior e clicar em *Respostas*, você chegará na página Inicial das Respostas (ver Figura 10-2). A primeira coisa que aparece é um campo de texto onde é possível fazer uma pergunta. O campo de texto é para o título da sua pergunta, não o texto inteiro. Apenas resuma a sua pergunta e apresente a questão. Então clique no botão azul *Seguinte*.

Então aparece uma lista de perguntas similares que foram feitas anteriormente e as quais você pode consultar. Isso é bom se você está realmente com pressa e quer encontrar a resposta rápido. Se não está com pressa, apenas ignore essa lista e vá para a seção *Adicionar mais detalhes*, escreva a pergunta inteira. Forneça a maior quantidade possível de detalhes de maneira que possa receber as melhores respostas possíveis. Desnecessário dizer que sua pergunta deve ser feita sem erros de digitação, gramática e pontuação. Tudo que você faz no LinkedIn, incluindo a seção de Respostas, ajuda a construir a sua marca, portanto certifique-se de que a sua pergunta seja escrita profissionalmente e seja interessante visualmente.

Não clique no campo que pergunta se deseja compartilhar a pergunta somente com suas conexões; se fizer isso, ela será vista somente por suas conexões de primeiro nível e não por sua rede inteira. Isso limitará não somente o número de respostas que você receberá como a exposição do seu perfil para a rede inteira.

Em seguida, escolha uma categoria para a sua pergunta; você pode selecionar uma ou duas categorias. Algumas áreas chegam a ter uma lista de subcategorias para selecionar. Então, verá alguns *prompts* acrescentados pelo pessoal inteligente do LinkedIn para tentar dissuadi-lo de fazer determinadas perguntas. Eles querem saber se sua dúvida é algum tipo de promoção ou está relacionada à procura de um emprego. É contra as regras deles postar empregos, procurar por um emprego ou pedir por conexões nas Respostas. Eu recomendo não fazer isso, já que há muitos lugares no LinkedIn para realizar essas tarefas. Além disso, provavelmente a sua pergunta será informada ao LinkedIn e apagada, e você terá sua conta marcada. Não clique *Sim* para esses *prompts*; ignore-os e clique no botão azul *Fazer Pergunta*.

Quando fizer isso, o LinkedIn lhe dará a opção de enviar a pergunta para qualquer um dos seus contatos. Você pode selecionar conexões de primeiro nível, e a pergunta aparecerá na sua caixa de entrada. Nunca tive necessidade de fazer isso; quero a maior exposição possível para minhas perguntas, então sempre clico em *Seguinte* para o próximo passo.

Ao enviar a sua pergunta, os especialistas que observam a sua categoria verão e enviarão respostas, que irão direto para a sua caixa de entrada do LinkedIn. A sua pergunta fica aberta por uma semana, e então você avalia as respostas. Tente enviar uma nota de agradecimento bacana para quem quer que tenha respondido à sua pergunta clicando no hyperlink *Responder* embaixo da sua resposta. Você tem a chance de estabelecer uma relação com esta pessoa, que pode tornar-se um parceiro, cliente, amigo ou centro de influência em potencial. Ofereça o seu agradecimento e um convite para conectar-se a fim de expandir a sua rede.

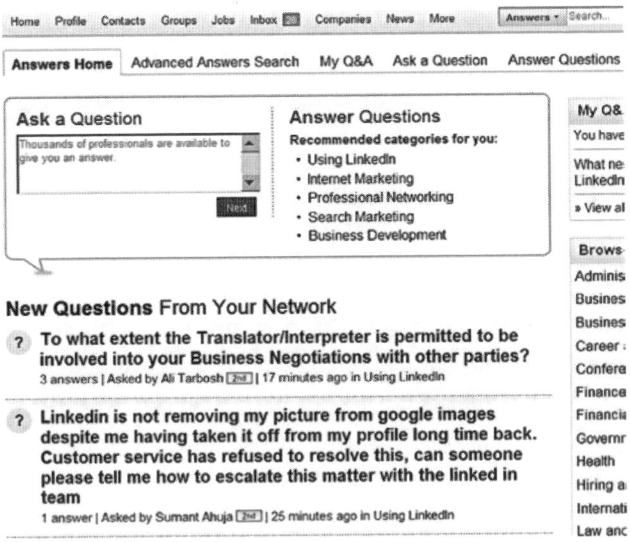

Figura 10-2. Na página inicial das Respostas, você pode fazer uma pergunta inserindo o título ou cabeçalho da pergunta, então clicando no botão azul *Seguinte* para adicionar detalhes e selecionar uma categoria para a sua pergunta. Normalmente, é melhor não fazer a pergunta toda no primeiro campo; em vez disso, apenas coloque um resumo e então adicione detalhes no segundo passo.

Promova a sua Marca com Perguntas

A segunda razão porque faço perguntas é a promoção gratuita da marca que isso possibilita. Quando não estou precisando de conselhos técnicos, faço uma pergunta no meu tópico de conhecimento, *Usando LinkedIn*. Parte da função de um líder de ideias não é apenas disponibilizar conteúdo, mas também iniciar conversas. Como você sabe, o marketing de mídia social é construído sobre uma fundação de adesão a conversas. Como o iniciador de conversas, está construindo a sua marca nas áreas onde quer ser conhecido.

Então, de tempos em tempos, faço uma pergunta em *Usando LinkedIn*, e isso realmente me ajuda de muitas maneiras:

- Consigo mais pessoas clicando no meu nome, vendo meu perfil, e me convidando para me conectar, ajudando a expandir a minha rede.

- Sou visto como um líder de ideias em *Usando LinkedIn* porque criei um espaço onde as pessoas podem aprender mais sobre o site, lendo as respostas da minha rede à minha pergunta.
- Encontro ótimas dicas sobre o uso do LinkedIn que eu talvez não tenha pensado que posso usar para os meus próprios negócios e para meus clientes.

Outra maneira de construir sua marca é fazendo perguntas nos campos onde seus clientes potenciais estão reunidos. Isso coloca seu nome e título profissional no campo de visão deles e o expõe às pessoas que quer atingir. Por exemplo, ensino como gerar indicações usando o LinkedIn, e eu quero atingir pessoas interessadas nesse tópico (vendedores, profissionais de marketing, etc.). Então faço uma pergunta relevante àquele tópico, clico em *Vendas* e a subcategoria *Geração de Indicações*, e coloco a minha pergunta onde os meus clientes potenciais podem vê-la e me conhecer.

Reserve um tempo para fazer algumas perguntas para seus clientes potenciais, e assim desenvolverá o seu *status* de líder de ideias, ganhando exposição junto às pessoas que podem fazer negócios com você.

O Seu Centro de Comando de Respostas

A essa altura, se seguiu o meu conselho, você está fazendo e respondendo perguntas. Então, como acompanhar toda a sua atividade ao usar nessa ferramenta? O LinkedIn proporciona a você um centro de comando: na barra do menu superior, clique em *Mais > Respostas > Minhas Perguntas & Respostas*. Ali clique em *Minhas Perguntas* e leia as respostas às perguntas que fez no passado. Você pode clicar em *Minhas Respostas* e ver todas as respostas que deu e quantas foram avaliadas como "melhores".

Às vezes, quando posta uma pergunta e as pessoas respondem, você percebe que as respostas que não eram o que você estava procurando. Talvez houvesse informações adicionais que deixou de fora da pergunta ou você precisa colocá-la de maneira diferente. Também, as pessoas podem estar pedindo mais informações. Na seção *Minhas Perguntas & Respostas*, clique em *Minhas Perguntas* e adicione mais informações à sua pergunta.

Apenas localize a pergunta que quer elaborar melhor, clique sobre ela, e então espere pelo link *Esclarecer Minha Pergunta* abrir um novo campo de texto intitulado Adicionar Esclarecimento. Edite a pergunta e clique sobre o botão azul *Esclarecer Pergunta* e a sua pergunta atualizada estará disponível para todo mundo.

Estendendo Mais a Sua Pergunta

Quando faz uma pergunta, ela fica em aberto por apenas sete dias. Digamos que você tenha iniciado um debate empolgante e está recebendo várias respostas interessantes. Se quiser continuar recebendo mais respostas, amplie a vida da pergunta. Ou se acha que não conseguiu o que estava procurando, essa é mais uma razão para querer receber mais respostas.

Na seção *Minhas Perguntas & Respostas*, clique sobre a pergunta que quer reviver e clique em *Reabrir esta Pergunta para Respostas*, o que a abrirá novamente por mais sete dias. É possível fazer somente dez perguntas por mês, então você precisará de "créditos para resposta" a fim de manter a sua pergunta aberta.

Compartilhando as Suas Perguntas

Se você fez uma pergunta que gerou grande conteúdo, ou se respondeu a uma pergunta que demonstra a sua liderança de ideias, tem condições de compartilhar essa pergunta com a sua rede. Vá para *Mais > Respostas > Minhas Perguntas & Respostas* e clique na pergunta que você quer compartilhar. Vá para a página da pergunta, e verá um hyperlink *Compartilhar* abaixo da pergunta. Clique nele, e você poderá enviar a pergunta a 200 contatos do LinkedIn, adicioná-la aos favoritos em *del.icio.us*, ou criar um hyperlink para colocar onde quiser na internet.

Um lugar para compartilhar perguntas é na atualização de *status*. Recentemente fiz uma pergunta na seção Usando LinkedIn que recebeu um número considerável de respostas interessantes. A pergunta era: "Qual a sua maior conquista até o momento no LinkedIn?". As respostas foram realmente inspiradoras, então achei que isso daria um grande item para compartilhar com a minha rede. Cliquei no link *Compartilhar*, consegui o URL para a pergunta, e adicionei-a como uma atualização de *status* de maneira que a minha rede pudesse ler as respostas inspiradoras.

Outro lugar para compartilhar perguntas é em Grupos. Faço várias perguntas a respeito do uso do LinkedIn, e às vezes acho que os meus grupos se beneficiariam das respostas. Clico no hyperlink *Compartilhar*, começo uma discussão nos grupos aplicáveis, nos quais acho que as pessoas se beneficiarão das respostas e acrescento a pergunta.

* * *

A seção de Respostas do LinkedIn é extremamente poderosa. Envolva-se e comece a fazer e a responder perguntas e ajude alavancar a sua marca. Faça novas conexões; encontre clientes, parceiros e trabalho; estabeleça-se como um líder de ideias no LinkedIn.

Começamos o capítulo dizendo que o LinkedIn oferece muitas oportunidades. Além do que eu mencionei, ele é um calendário de eventos poderoso onde é possível ampliar a sua marca e seu alcance do mundo online para o mundo offline, e trazer as pessoas para os seus seminários, encontros e mais. Vamos aprender como fazer isso no próximo capítulo.

Capítulo 11: Usando Eventos para Promover Você e sua Empresa

Antes da chegada das mídias sociais para fazer propaganda de um evento, você tinha de gastar dinheiro de verdade, colocar um anúncio em um jornal local, e esperar que alguém o visse. Ou tinha de fazer uma aposta colocando-o nos classificados da seção "Eventos", onde certamente ninguém o veria. Ou tinha de gastar dinheiro imprimindo folhetos caros e pagando pelo correio, com o qual estou muito familiarizado, à medida que esse foi meu primeiro meio de propaganda quando tive uma empresa de treinamento de vendas.

Embora ainda seja possível fazer tudo isso, com a mídia social você pode contornar grande parte desse gasto e esforço. Com a ferramenta do LinkedIn Eventos, disponível gratuitamente para todo mundo, você pode atingir o seu público para reuniões offline e eventos de networking, assim como webinários e teleseminários online. Além disso, há a possibilidade de compartilhar o seu evento de maneira que se torne viral e seja visto por muitas pessoas através do LinkedIn.

Criando um Evento

Para começar, vá para *Mais > Eventos* na barra de ferramentas superior e clique em *Eventos*. Assim que fizer isso, você se estará na página inicial de Eventos (ver Figura 11-1). Aqui você verá eventos que talvez esteja interessado com base no seu perfil, eventos que você já criou, e à direita há o botão amarelo *Criar um Evento*. Clique nele e você será levado ao formulário para criar o seu evento.

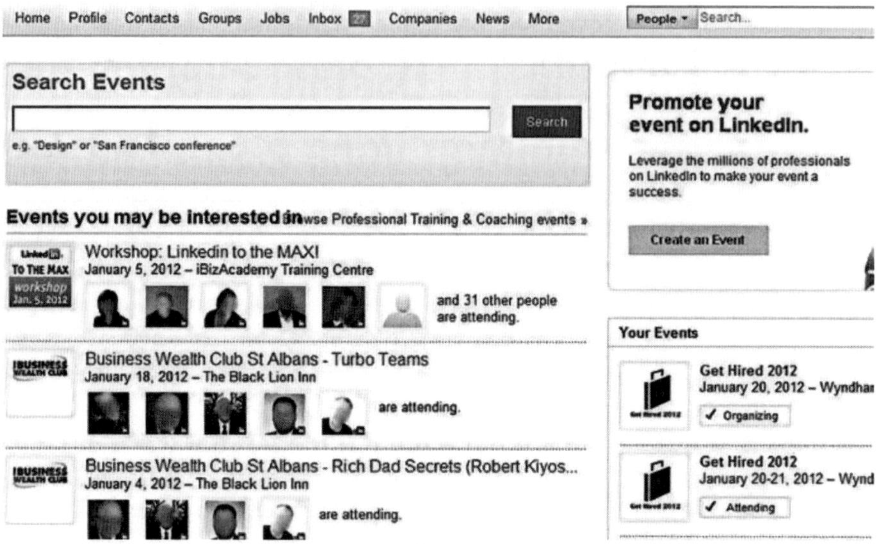

Figura 11-1. Na página inicial de Eventos, comece o processo de criar um evento para divulgar em sua rede no LinkedIn. Clique sobre o botão amarelo *Criar um Evento* para começar o processo de três passos.

O Passo 1 é preencher as informações a seguir:

- Nome – o título do seu evento.
- Data e hora.
- Nome do local e endereço (ou clique em *Evento Virtual* se for um teleseminário ou um webinário)
- Logo – onde você adiciona o logo do seu evento.

Após preencher estas informações, clique sobre o botão azul *Criar Evento* e você é levado ao segundo passo.

No Passo dois, faça o seguinte:

- Preencha a descrição do seu evento.
- Selecione uma categoria do menu suspenso.

- Adicione rótulos; essas são as palavras-chave que descrevem o seu evento e que as pessoas estarão pesquisando.
- Adicione um endereço de site onde as pessoas podem ir para buscar mais informações.

Complete esse passo, para ser levado ao terceiro passo. Aqui você encontrará o campo Compartilhar o seu Evento. É possível enviar um tuíte para todas as pessoas que o estão seguindo ou postar o evento no Facebook. Também nesta página há uma mensagem do LinkedIn que diz que o seu evento foi automaticamente compartilhado com suas conexões. Isso significa que ele aparece como uma atualização de status no seu perfil, e nas páginas iniciais de todas as suas conexões de primeiro nível. Quando terminar o passo três, clique no botão azul *Concluir* para levá-lo à sua nova página Evento LinkedIn.

Divulgando o Seu Evento

Da sua página de Eventos, você poderá compartilhar o evento com outros. (Ver Figura 11-2). À direita há um campo intitulado *Compartilhar esse evento* onde há três ícones de mídia social e um URL. O primeiro ícone é do familiar LinkedIn. Clique sobre ele, e será exibida a caixa *Compartilhar* do LinkedIn. Nesse campo, é possível compartilhar o evento no fórum de debate de qualquer grupo em que você é um integrante, assim como enviá-lo para indivíduos no LinkedIn.

Os outros dois ícones são para o Twitter e o Facebook, outra oportunidade de divulgar o evento para seus fãs e seguidores.

Por fim, há um URL que você pode copiar e colar em muitos lugares, incluindo outras redes sociais, seu blogue, seu site, a sua assinatura de e-mail e por aí afora.

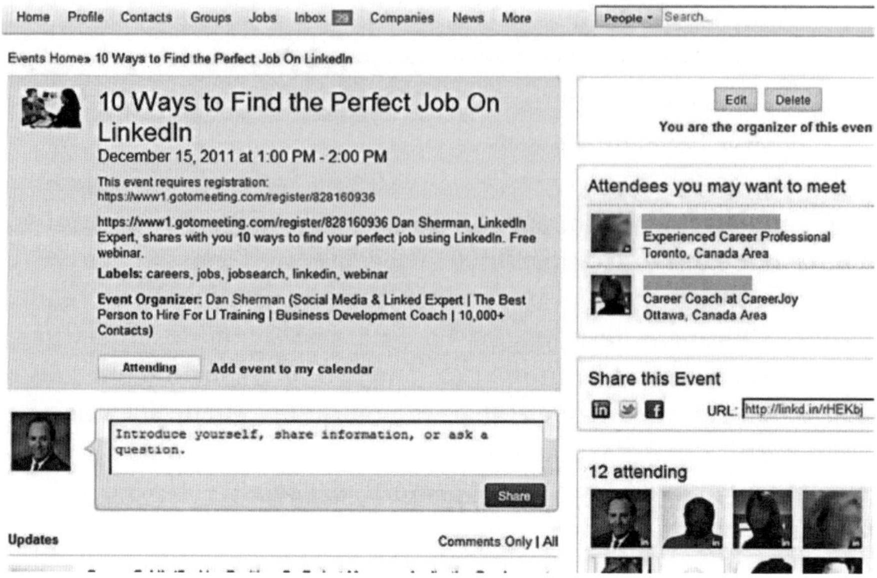

Figura 11-2. Na página de Eventos, você verá detalhes do seu evento, nomes dos participantes, ícones de mídia social para ajudá-lo a divulgar o evento e um URL que pode ser usado na internet para divulgar o evento.

Estratégias Avançadas para Eventos

A seguir, veja algumas outras dicas para tirar o máximo da ferramenta de Eventos:

- Quando se inscreve para um evento LinkedIn, você pode ver todos os participantes. Confira regularmente e observe as pessoas que visitaram seu perfil e que talvez você queira conhecer. Envie uma mensagem de apresentação, convidando-as para conectar-se com você no LinkedIn, uma vez que vocês têm interesses similares. Desta maneira, você pode aumentar a sua rede, preparar o terreno para encontrar um cliente ou parceiro potencial. Também peça para encontrá-los no evento, onde você poderá conhecê-los melhor.
- Use a lista de participantes para o seu evento como uma lista de clientes potenciais. Digamos que você dê um treinamento gratuito ou esteja organizando um encontro em sua área de conhecimento. Essa lista de clientes potenciais é agora uma lista de

clientes potenciais que você pode trabalhar para promover um serviço pago.

- Use a ferramenta de Pesquisa em Eventos para localizar eventos em sua área que o ajudarão a ser bem-sucedido, seja de networking onde treinamento. Na página inicial de Eventos, vá para *Pesquisar Eventos*, onde você pode digitar palavras-chave, tais como o tópico de um evento ou localização. Isso é especialmente valioso quando você está viajando e quer saber sobre reuniões potenciais em sua área de interesse nas cidades que visitará.
- Nessa página, há eventos recomendados para você pelo LinkedIn, baseados no seu perfil, e um link para clicar e examinar eventos em sua área (mais uma vez, baseado no seu perfil). Clique nesse link para ser levado a uma página que mostra eventos por localização e setor que você pode pesquisar.
- Se você é um palestrante, um produtor audiovisual ou fornecedor de eventos – pesquise eventos locais. Vá para *Mais > Eventos*; na página inicial de Eventos, digite a sua cidade no campo de pesquisa. Desta maneira é possível identificar grupos indo para sua cidade e você pode contatá-los e oferecer os seus serviços para o próximo encontro.

* * *

Não importa o tipo de evento que está promovendo, seja uma reunião no café da manhã, um encontro de networking à noite em um clube, um webinário ou seminário, ou o que quer que seja, não deixe de usar a ferramenta de Eventos para a sua empresa e gerar uma lista de clientes potenciais.

Você sabia que além do seu perfil pessoal, você também pode ter um perfil para sua empresa? E que para múltiplas empresas, é possível ter um perfil para cada uma? Continue a leitura e aprenda sobre a ferramenta Empresas no LinkedIn, que proporciona a chance de reunir mais parceiros e clientes potenciais para o seu negócio.

Capítulo 12: Boa Companhia: Adicionando a Sua Empresa e Seguindo Outras

Quando se registra para o LinkedIn, você o faz como um indivíduo, e a maioria das suas atividades serão para vender a sua marca como um importante especialista no seu campo. Isso porque, não importa se trabalha para si mesmo ou para uma empresa, você precisa construir a sua rede e se estabelecer como um líder de ideias todos os dias. Mas isso não quer dizer que não exista um lugar para perfis de empresas no LinkedIn, pois existe, e trata-se de uma área muito importante de se conhecer. Na seção Empresas, promova a sua própria empresa ou a empresa para a qual você trabalha, fazendo uma apresentação multimídia fascinante. Você também pode usar a área de Empresas como uma das ferramentas de prospecção e informação mais poderosas para buscar novos negócios, encontrar novas oportunidades, se manter atualizado na sua área e, se estiver procurando um trabalho, encontrar a posição perfeita.

Listando a Sua Empresa

Vamos primeiro falar dos benefícios de criar uma página de Empresas para o seu empreendimento. Para dar a partida no perfil empresarial, vá para a página de Empresas clicando em *Empresas* na barra de ferramentas superior. Isso o levará para a página inicial das Empresas (ver Figura 12-1), onde você pode começar o processo clicando no link *Adicionar uma Empresa* no canto bem à direita. Você será levado a uma página na qual pode inserir o nome e o endereço de e-mail da sua empresa. Observe que você não pode usar um endereço de serviço de e-mail como Gmail ou Hotmail; ele tem de ser um endereço de empresa, como Hulk@TheClobberingCompany.com.

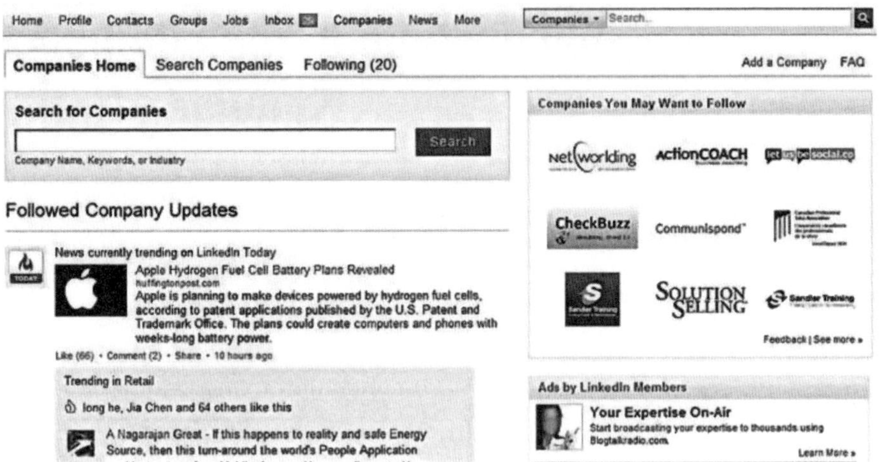

Figura 12-1. Na página inicial de Empresas, há um campo de texto para pesquisar páginas de empresas, e bem no canto direito um hyperlink azul que diz *Adicionar uma Empresa*, que vai levá-lo ao formulário Adicionar uma Empresa.

E se você não se registrou no LinkedIn usando o endereço de e-mail da sua empresa? É bastante simples adicioná-lo. Lembre-se, é possível associar quantos endereços de e-mail quiser com a sua conta de LinkedIn pessoal. Para adicionar o endereço de e-mail da sua empresa ao seu perfil, simplesmente clique em *Configurações* debaixo do seu nome no canto superior da tela; clique no hyperlink *Alterar/Adicionar* próximo do "E-mail Principal" no canto superior esquerdo. Isso abrirá o campo *Adicionar e Alterar e-mail*, onde você pode adicionar o endereço de e-mail da sua empresa, então clique no botão azul *Fechar*.

Voltemos então à configuração da página da sua empresa. Assim que tiver terminado de adicionar a sua empresa ao site, você receberá uma mensagem do LinkedIn para checar a caixa de entrada de e-mail da sua empresa. Então assim que clicar no link fornecido, você está aprovado e pode começar a preencher o perfil da sua empresa. A seguir, veja alguns dos itens que pode acrescentar:

- **Tipo.** Aqui informe se é uma empresa de capital aberto, uma sociedade, uma empresa privada e por aí afora.
- **Tamanho.** Selecione de 1 até 10.000 +.
- **URL do site da empresa.** Adicione o seu site aqui, e não esqueça o http://.
- **Principal setor da empresa.** Selecione o setor no menu suspenso.
- **Status operacional.** Liste o status da empresa.
- **Ano de fundação.** Coloque a data em que iniciou as operações da empresa.
- **Endereços.** Aqui você pode listar cinco endereços diferentes.
- **Imagem.** Adicione uma foto que represente a sua empresa, usando um arquivo de PNG, JPEG ou GIF de até 2MB.
- **Logo.** Adicione um logo padrão (100 x 60 pixels) e um logo quadrado (50 x 50 pixels) para ser usado em atualizações da rede.
- **Descrição.** Conte ao mundo o que a empresa faz e como a ajuda a pessoas.
- **Especialidades.** Especifique os produtos e serviços que a empresa oferece.

Quando tiver completado essa página, clique no botão azul *Publicar* no canto superior direito. Não atualize a página ou a saia antes de clicar em *Publicar*, ou perderá todo o trabalho.

Adicionando Detalhes sobre a Empresa

Na página da empresa, há quatro abas ao longo do topo: *Inicial, Carreiras, Produtos* e *Insights.* (Ver Figura 12-2). A página *Inicial* mostra todas as informações acrescentadas, um campo de texto para adicionar atualização do status da empresa, uma lista das atualizações recentes da empresa, e dois botões: *Seguir* e *Ferramentas de Administração.* Quando as pessoas navegam na sua página e clicam em *Seguir*, elas podem se manter atualizadas com as mudanças que estão acontecendo na sua empresa. Quando clica em *Ferramentas de Administração*, o LinkedIn fornece um menu suspenso com opções para editar a página, adicionar um produto ou serviço, ver análises matemáticas sobre os seguidores da sua página, assim como visitas a ela, ou deletar a página.

Figura 12-2. A página institucional terá quatro abas ao longo do topo. Há também um campo de texto para criar uma atualização do status da empresa, um botão que permite que outros sigam a empresa e um botão levando a ferramentas de administração da página.

A aba *Carreiras* oferece a oportunidade de postar um anúncio de emprego pago para a empresa no LinkedIn. Esta é uma opção, mas lembre-se, todo grupo tem um quadro de empregos gratuito que é intitulado *Discussões de Emprego* sob a aba de *Empregos* do grupo, caso queira poupar dinheiro.

Na aba *Produtos*, adicione os produtos da empresa clicando no botão *Ferramentas de Admin*istração e escolhendo *Adicionar produto ou serviço.* Nesta página, escolha se é produto ou serviço, e então adicione o seguinte:

- A categoria do produto ou serviço
- O nome do produto ou serviço
- Uma imagem
- Uma descrição
- Uma lista de ferramentas fundamentais
- Uma exoneração de responsabilidade
- O website para o produto ou serviço
- Empregados da empresa no LinkedIn que podem responder às dúvidas sobre o produto
- Uma promoção especial
- Um vídeo do YouTube

Esta seção é uma boa maneira de dirigir tráfego para o seu site. Adicione os URLs para onde quer que as pessoas se dirijam quando clicarem nas imagens. Você pode adicionar até três imagens (640 x 220 pixels) e URLs, e o LinkedIn criará um módulo de destaque rotativo (ou carrossel) para exibir na página da empresa.

Também nessa página, você verá um link que diz *Pedir Recomendações*. Da mesma maneira que deve buscar o maior número de recomendações pessoais que puder, também peça recomendações para a página da sua empresa. Quando clicar no link, você terá um campo de texto para pedir recomendações de seus contatos no LinkedIn. Quanto mais prova social tiver para a sua empresa, melhor, e essas recomendações serão vistas por qualquer um interessado em comprar produtos e serviços da empresa.

Com o campo de recomendação, como sempre, o LinkedIn fornece uma linha de assunto e pedido-padrão, mas sugiro a personalização de tudo que você fizer neste site. Portanto, escreva algo pessoal para as pessoas que você está contatando. Lembre-se, você está pedindo para que elas reservem um tempo do seu dia ocupado para ajudá-lo; o mínimo que pode fazer é personalizar o seu pedido.

Por fim, na aba *Insights*, você encontrará um panorama dos seus funcionários que têm títulos novos, ou dos que deixaram a sua empresa em busca de outros horizontes, de quais empresas vieram seus funcionários, etc. Próximo de cada empresa listada há um hyperlink *Seguir* permitindo seguir estas páginas e fazer uma breve "pesquisa" sobre as empresas com os quais você talvez esteja competindo.

Crie uma página para a sua empresa, e terá um espaço a mais da rede no qual promover o seu negócio e educar os seus clientes potenciais. Assim como um site, ele pode ser um show de multimídia, mas é melhor do que um site, pois você pode acrescentar provas sociais na forma de recomendações das suas conexoes, e o leitor pode clicar nelas e ver quem o está recomendando. Qualquer pessoa pode fazer citações para um site (não *você*, é claro). Recomendações de páginas de empresas partem de pessoas reais cujos perfis podem ser acessados, o que as torna muito poderosas.

Atualização de Status de Empresa

De acordo com o LinkedIn, existem mais de dois milhões de páginas de empresas, e metade de todos os membros estão seguindo empresas. Então como é possível criar um compromisso com clientes, interessados e empregados em potencial? O LinkedIn adicionou atualizações de status para empresas com este fim, de maneira que as páginas da empresa funcionem como páginas de negócios do Facebook.

Atualizações de Status da Empresa são postagens para compartilhar qualquer coisa desde notícias da empresa a lançamentos de produtos ou promoções para artigos relevantes. Postagens da empresa podem ser vistas na aba *Inicial* da sua empresa por qualquer membro do LinkedIn. As pessoas que seguem a sua empresa verão as postagens diretamente em suas páginas iniciais.

Todos os membros do LinkedIn podem ver as postagens, clicar em links inseridos, ou ver vídeos. Eles também podem comentar, gostar, ou compartilhar postagens. Atualizações de Status da Empresa capacitarão você ou quem você designou como administrador da página da sua empresa a postar atualizações de até 500 caracteres na aba *Inicial* da página.

Para criar uma Atualização de Status da Empresa, a primeira coisa que precisa fazer é afiliar-se corretamente com a empresa. A fim de fazer isso, atualize o seu perfil pessoal no Linkedin para mostrar que está trabalhando atualmente na empresa após ter criado a conta da empresa no Linkedin.

Clique em *Perfil* > *Editar Perfil*, ir para a sua seção de Experiência, e clicar em *Editar* junto à posição correlacionada à página institucional que você criou há pouco. Na página Editar Posição, clique em *Mudar Empresa*, próximo do nome da sua empresa. Então apague o nome da empresa e comece a digitá-lo novamente. O LinkedIn exibirá todas as empresas com páginas no site à medida que você digita, então selecione a sua empresa das opções que o LinkedIn fornece. Clique no botão *Atualizar* para salvar suas modificações. Ao fazer isso, o seu perfil será sincronizado à página da sua empresa.

Quando estiver corretamente afiliado, você verá um pequeno ícone parecendo uma nota adesiva ao lado do nome da sua empresa na seção de Experiência. Quando passar o mouse sobre ele, as informações da sua empresa aparecerão em uma caixa de diálogo.

Assim que começar a criar atualizações de status, você será capaz de ver impressões e engajamentos em cada atualização na página da empresa. É claro, quanto mais seguidores a sua empresa tiver, melhor, já que mais exposição você terá.

Então, não se esqueça de trabalhar para ter seguidores divulgando a página regularmente nas atualizações de *status* do perfil do LinkedIn, nas newsletters, na assinatura de e-mail, e em qualquer outra comunicação com os clientes. Faça uma promoção cruzada de sua página fazendo um link dela com os seus Grupos LinkedIn, página do Facebook, divulgação no Twitter e o site da sua empresa.

Uma das estratégias é transformar a página da sua empresa em uma máquina de geração de tráfego como o HubSpot fez. A empresa de marketing na Internet carregou sua aba de *Produtos* com e-books de marketing na internet e webinários gratuitos além de um período de avaliação de 30 dias do seu software de *inbound* marketing. Quando clicar sobre um e-book ou webinário mediante pedido, você é levado para a página da HubSpot, onde primeiro tem de passar informações sobre si mesmo, o que ajuda a alimentar o canal de vendas deles. (Eles perguntam seu nome, informações de contato, site, tamanho da empresa e maior desafio de marketing). Vá para a página da empresa HubSpot e veja como dirige tráfego e coleta nomes de clientes em potencial do seu posto avançado no LinkedIn.

Torne a Página da Sua Empresa Empolgante

Assim que começar a promover a página da sua empresa, você vai querer torná-la um local convidativo para seus clientes, interessados e parceiros em potencial, assim como empregados, visitarem. Isso significa atualizar continuamente com informações interessantes. A seguir algumas ideias para torna a página da sua empresa empolgante:

- **Incremente as suas abas.** Desenvolva completamente as suas abas *Inicial*, *Carreiras* e *Produtos*, e otimize cada uma delas com palavras-chave. Isso aumentará a classificação da sua página nos resultados de pesquisa do Google e do LinkedIn, o que amplicará o alcance do perfil da sua empresa.
- **Promova os seus produtos.** Na aba *Produtos*, adicione descrições e vídeos para cada um dos seus produtos. Um exemplo clássico da criação de uma experiência de usuário rica na página da sua empresa é a Hewlett-Packard (HP), a companhia de tecnologia. A HP tem mais de 800.000 seguidores na sua página, e se olhar na sua aba de Produtos, você verá quão visualmente convidativa ela

é. Visite a página institucional da HP para ver tudo que é possível de se fazer para alavancar esta mídia de propaganda gratuita.

- **Promova a socialização na página da sua empresa.** Permita que os usuários façam recomendações na sua aba de *Produtos* a fim de proporcionar provas sociais e torná-la interessante de ler. Novamente, olhe para todos os produtos HP listados ao longo das recomendações.
- **Adicione testemunhos de vídeo.** Para cada produto que você adicionar, você pode acrescentar um link para um vídeo do You Tube. Na aba *Produtos*, clique em *Admin ferramentas* > *Adicionar um produto ou serviço.* Este é o lugar certo para adicionar clientes recomendando o seu o produto.

Reserve um tempo para criar uma página institucional no LinkedIn e transformá-la em mais uma forma de comunicação com seus clientes e clientes potenciais. Use-a como uma máquina geradora de tráfego, e expanda o alcance e presença da sua empresa. Trata-se de um recurso gratuito incrível que pode ser usado agora mesmo para incrementar todos os seus outros esforços de marketing.

Prospectando Negócios Usando Empresas

Vamos passar da promoção da sua própria empresa ao uso desta ferramenta para rapidamente alimentar o seu canal de vendas com compradores qualificados. Basicamente, se você vende para empresas, então a seção Empresas é a sua nova melhor amiga. Se um dia você já fez uma ligação não-solicitada, você sabe que "não-solicitada" é uma designação apropriada. Muitas vezes a recepção que se tem do outro lado da linha é uma "gelada", e não me refiro a um delicioso sorvete.

E se tivesse fácil acesso a pessoa que você quer conhecer? E se pudesse conhecer pessoas no departamento para o qual quer vender, que lhe pudessem apresentar à pessoa com quem realmente precisa conversar? Entre no LinkedIn Empresas.

Selecione *Empresas* da barra de ferramentas superior, e estará na página inicial das Empresas. Digite o nome da empresa que está buscando contatar no campo de Pesquisa por Empresas, e você será direcionado para a página da sua empresa. Digamos que eu procure por Apple. Sou levado para a página institucional e vejo a descrição da empresa, mas o que realmente me interessa está do lado direito, onde vejo que há 29.160 empregados da Apple na minha rede.

Isso é decomposto em seis conexões de primeiro nível, 2.085 conexões de segundo nível, 545 membros de grupos e o resto conexões de terceiro nível. Então no total, posso contatar qualquer um dos mais de 29.000 funcionários na minha rede através do InMail; através de mensagens diretas se eles são conexões de primeiro nível ou membros de grupos aos quais eu pertenço; ou através de apresentações se eles são conexões de segundo ou terceiro níveis.

Contatando Pessoas na Sua Empresa-alvo

A primeira coisa a fazer é ver quem são os contatos de primeiro nível que eu posso contatar gratuitamente. Eu leria os seus perfis e os conheceria um pouco melhor. Então enviaria uma mensagem direta apresentando-me e perguntando a eles se poderiam me orientar para as pessoas certas que eu precisaria conversar na Apple (ou qualquer outra empresa).

A segunda coisa a fazer é procurar para ver quem são minhas conexões de segundo e terceiro níveis. Se quiser contatar uma delas sem pagar o InMail, posso clicar no seu perfil e procurar do lado direito por *Grupos que você compartilha com (Nome)*. Se compartilhamos um grupo, ele vai aparecer como um hyperlink, e eu posso clicar nele. Então quando chego ao grupo, posso clicar em *Membros* na barra do menu e pesquisar por aquele funcionário digitando o seu sobrenome no campo *Pesquisar Membros* à esquerda. Quando vejo a pessoa que quero, passo o mouse sobre seu nome, e à direita verei um hyperlink dizendo *enviar mensagem*.

Eu poderia começar a mensagem me apresentando, explicando que compartilhamos um grupo, e pedindo por algumas informações sobre ela, seu departamento ou sua empresa. Sempre peça por informações primeiro – nunca venda no contato inicial. Você está descobrindo fatos neste ponto, então trabalhe na construção de uma relação.

Se a pessoa que quer contatar tem uma conta *premium* e é uma membro do OpenLink, então você pode enviá-la uma mensagem gratuitamente. E também pode usar o sistema InMail se pagar por ele ou tiver uma conta *premium*.

Usando Apresentações para Prospectar Negócios

E se estiver tentando vender para um departamento, e você não tem conexões de primeiro nível nele? Então passe para as conexões de segundo nível. Na Apple, tenho 2.085 conexões de segundo nível. Isso é bastante, e talvez você chegue a um número menor para a empresa que está contatando. De qualquer maneira, posso repassar todas as minhas conexões de segundo nível e encontrar a pessoa que estou procurando ou pelo menos uma que trabalhe no departamento certo.

Digamos que eu queira contatar John Smith, uma conexão de segundo nível. Primeiro, verei se compartilhamos de um grupo de maneira que eu possa enviar uma mensagem direta para ele. Mas digamos que não compartilhamos de grupo algum; eu preciso usar a ferramenta de apresentação. Veja a seguir como fazemos isso:

Sob o nome de John, está escrito que compartilhamos 20 conexões (ou qualquer que seja o número). É assim que estamos conectados – nossas conexões de primeiro nível em comum, de maneira que eu tenho um número considerável de conexões para escolher. Eu clico no nome de John e vou para o seu perfil. Do lado direito, vejo *Como você está conectado a John S.* com links para todas as nossas conexões de primeiro nível em comum. Examino a lista e escolho a pessoa com quem estou familiarizado. Então vou para o campo de informações no perfil de John e clico na seta suspensa no botão cinza que diz *Enviar um InMail para John*. Eu verei o link *Seja apresentado*, clico sobre ele para revelar o formulário de Pedido de Apresentação, escolho uma conexão e começo o processo delineado no Capítulo 8.

Desta maneira, terei uma apresentação calorosa a John Smith. Não é garantido que a apresentação seja passada adiante. Mas se a conexão de primeiro nível é alguém que você conhece e o seu pedido é sincero, as chances são boas de que a pessoa passará adiante a sua apresentação.

Então conexões de primeiro nível, de segundo nível e membros de grupos podem todos ser abordados; trata-se apenas de uma questão de criar uma estratégia de quem você quer contatar. Conexões de terceiro nível também podem ser abordadas, mas isto é mais difícil de ser feito, tendo em vista que a apresentação tem de passar por duas pessoas. Existem também InMails e mensagens de OpenLink para usar como parte do processo de prospecção de clientes. Tente tudo, e lembre-se de pedir por informações e estabelecer uma conexão antes de promover qualquer coisa.

Alavancando Informações da Empresa

Além de fornecer conexões para uma empresa-alvo e encontrar a pessoa certa com quem conversar, a seção Empresas proporciona um conhecimento valioso sobre produtos e funcionários de uma empresa que você está buscando contatar para sua oferta ou como um empregador potencial. (Ver Figura 12-3).

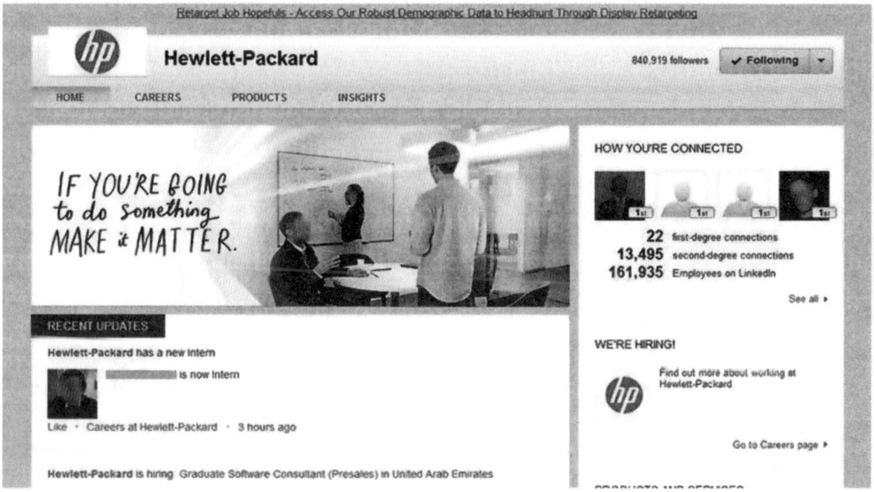

Figura 12-3. A página institucional oferece uma fonte rica de informações para qualquer pessoa prospectando ou fazendo uma pesquisa sobre um empregador em potencial.

Vamos usar a HP como um exemplo. Primeiro, quando está na página da empresa no LinkedIn na aba *Inicial*, você pode ver a seção *Atualizações Recentes* e ver a atividade de novas contratações até um minuto atrás. Se passar para a aba *Insights*, verá empregados nos escalões mais altos que foram promovidos dentro da organização.

Como isso o ajuda? Bem, se está querendo realizar uma venda para uma organização ou quer um emprego nela, você deve saber que sempre que um gerente novo entra em cena, ele assume a abordagem da "vassoura nova" e traz novos fornecedores e empregados. Se vir um executivo novo aparecer por ter sido contratado ou promovido que pode vir a ser um alvo para sua oferta, ou um gerente novo potencial, clique sobre o seu perfil, veja como vocês dois estão conectados, e comece a conhecê-lo. Se tudo der certo, você ira para a empresa como um fornecedor ou novo empregado.

Segundo, se quiser fazer qualquer negócio com uma empresa ou conseguir um trabalho lá, é melhor estar absolutamente atualizado quanto aos seus produtos e serviços. Nenhuma empresa hoje em dia vai gostar de um representante de vendas ou candidato a um emprego mal informado. No caso da página da empresa HP, você poderia clicar na aba *Produtos* e se inteirar a respeito dos seus principais produtos e ver vídeos sobre cada um deles. Então, antes de contatar a empresa, visite a aba de *Produtos* dela e fique por dentro do que vende e veja como os seus produtos, serviços ou especialidade podem auxiliar a empresa.

Siga essa Empresa

Se identificou uma empresa para a qual gostaria de fazer uma venda ou ser contratado como empregado, o LinkedIn proporciona a opção de seguir essa empresa e se manter atualizado com quaisquer notícias ou mudanças que estejam acontecendo.

Do lado direito de toda página de uma empresa há um botão amarelo que diz *Seguir*. Clique nele, e você terá atualizado o seu status de perfil pessoal automaticamente. Isso aparecerá na página inicial de todas as conexões de primeiro nível, incrementando a venda da sua marca através da sua rede.

Assim que fizer isso, o botão fica cinza e passa a indicar *Seguindo*. Agora a qualquer momento que esta empresa criar uma atualização de status, isso aparecerá nos *feeds* da sua página inicial. Esta é uma boa maneira de se manter atualizado com os acontecimentos em sua empresa-alvo, incluindo eventos que ela está patrocinando, lançamentos de novos produtos, oportunidades de trabalho, mudanças no gerenciamento, e por aí afora.

Outra opção para procurar nas atualizações de *status* das empresas que você está seguindo é clicar em *Empresas* na barra de ferramentas de cima, o que vai levá-lo para a página inicial Empresas. Nessa página você verá as Atualizações da Empresa Seguida, com atualizações das empresas que você está seguindo, à medida que elas vão acontecendo. É possível seguir até 100 empresas, então se está seguindo várias empresas, como eu faço, verá uma profusão e tanto aqui – tudo, desde um tour em vídeo dos escritórios da empresa, passando por download gratuito de um e-book, a cargos em aberto no país todo.

Também na página Empresas, verá uma aba à direita que diz *Seguindo*. Clique nela para trazer a lista completa de empresas que está seguindo. Essa página muito prática mantém todas as empresas que está seguindo organizadas, de maneira a examiná-las rapidamente e adicioná-las ou deletá-las conforme as suas necessidades. Desta lista, é possível clicar em uma empresa que você está seguindo e ir direto para a sua página para ler todas as atualizações. Além disso, o LinkedIn fornece uma ferramenta de sugestão do lado direito chamada *Empresas que talvez queira seguir*, com empresas similares às suas escolhas atuais.

Use Páginas da Empresa para Criar Oportunidades

Desse modo, é possível ver que a seção das Empresas é uma área rica em dados, onde você pode criar oportunidades tremendas. Há um número ilimitado de maneiras para enriquecer suas metas profissionais. Por exemplo, você pode fazer o seguinte:

- Encontrar, conhecer e contatar empregados da empresa com qual quer se conectar.
- Seguir empresas para as quais quer realizar uma venda.
- Seguir empresas que deseja adquirir, realizar uma fusão ou uma parceria.
- Identificar janelas de oportunidade ao ler as últimas notícias sobre a empresa.
- Encontrar maneiras de abordar uma empresa quando pessoas novas entram nela ou são promovidas.
- Usar a seção como uma ferramenta para procurar um emprego ao seguir empregadores potenciais na sua área.
- Pesquisar concorrentes em sua área, e ficar um passo à frente ao ver tudo que está acontecendo por lá.
- Seguir empregadores anteriores para se manter atualizado com seus colegas.
- Ficar atualizado no seu campo seguindo as principais empresas na sua área.

- Seguir vendedores que lhe fornecem produtos, e ficar sabendo das novidades empolgantes com as quais você talvez queira se envolver.
- Seguir os seus clientes para ter certeza a respeito do que estão fazendo, e propor mais ofertas, ou saber quando estiverem procurando por um novo fornecedor.
- Procurar por atualizações através das quais possa contatar as suas conexões nas empresas e usá-las como tópicos para uma conversa e construção de relações.
- Seguir empresas que estejam influenciando eventos atuais de maneira que possa estar à frente dos acontecimentos.
- Seguir *start-ups* e aprender com seus sucessos e fracassos.

* * *

É uma grande ideia criar uma página de empresa robusta, atualizá-la frequentemente, e usá-la como uma maneira poderosa de conectar-se com seus clientes e interessados. Se vende para empresas, então siga as empresas para as quais você quer vender e use páginas da empresa para obter *insights* e conexões que não seriam possíveis de nenhuma outra maneira. As informações e contatos que descobrir o colocarão anos-luz à frente da concorrência. Agora vamos examinar uma das utilidades mais poderosas que o LinkedIn tem e que muitos do lado de "fora", ainda acreditam que seja a única função do site, a saber, encontrar a carreira perfeita. Você descobrirá que o LinkedIn é ferramenta indispensável para conseguir o seu próximo emprego.

Capítulo 13: Ao Trabalho: Encontrando o Emprego Perfeito

Já estive dos dois lados da mesa – como pretendente a um emprego e como gerente de contratações na América corporativa. Então eu sei que a procura por um trabalho nunca será divertida ou glamourosa, ou algo que eu faria se tivesse uma opção melhor, como ganhar na loteria ou descobrir que sou um parente de Zuckerberg ou Gates.

Mesmo assim, é uma parte da vida que estará sempre conosco e que nós temos de dominar. Navegando as voltas e reviravoltas, os altos e baixos, as retas e os becos sem saída – é disso que estamos falando. Como andar em uma montanha russa talvez seja a melhor metáfora para a procura de um emprego – é assustador e empolgante, e você estará aliviado no fim.

Se está procurando por trabalho atualmente, ou se está trabalhando e quer manter um dedo no pulso do mercado de trabalho para ver o que mais há por aí, simplesmente tem de estar usando o LinkedIn. Eu tenho ouvido consistentemente de meus amigos recrutadores que o LinkedIn é agora o lugar número 1 para preencher um cargo.

O LinkedIn criou muitos recursos para os *headhunters* para assegurar que faz tudo para ser a fonte de empregos número 1. Ele oferece níveis especiais de associação para recrutadores e a possibilidade de colocar ofertas de empregos pagas. Eles vendem um serviço chamado LinkedIn Recrutador, no qual os recrutadores podem encontrar, acompanhar e ficar em contato com contratados e candidatos em potencial. Os recrutadores são fundamentais para o modelo de negócios do LinkedIn; nos registros da empresa junto à SEC[1] para abrir o seu capital em 2011, o LinkedIn declarou que o seu produto de recrutamento e provedor de serviços na internet representaram 42% da sua receita (a propaganda foi responsável por 33%, enquanto os membros pagos geraram 25% dessa receita).

Quer os recrutadores utilizem os serviços vendidos, postem ofertas pagas, quer apenas participem dos Grupos a fim de encontrar candidatos, o LinkedIn é o lugar primordial. Logicamente, faz sentido para os recrutadores e gerentes ir ao LinkedIn primeiro para conferir os perfis e pesquisar Grupos e Respostas por especialistas. Com mais de 175 milhões de perfis para selecionar, o LinkedIn pode ser usado por recrutadores para atrair pessoas procurando um emprego assim como para atrair aqueles disputados empregados satisfeitos para uma nova oportunidade.

Então, sim os recrutadores enxameiam o LinkedIn como abelhas no mel. Não apenas eles estão procurando por você, como você também pode procurá-los. Você pode ser proativo e procurar por recrutadores usando a Pesquisa Avançada de Pessoas (selecionar *Pessoas* do menu suspenso no canto superior direito, e clicar em *Avançada* junto à lente de aumento): digite a palavra-chave *Recrutador* na caixa de pesquisa, encontre aqueles especializados na sua região ou no seu campo, e aborde-os a respeito de oportunidades potenciais.

Contatar recrutadores é certamente uma maneira de se usar o LinkedIn. Mas antes de fazer isso, o primeiro passo é assegurar-se de que o seu perfil está 100% completo e otimizado, usando as dicas nos capítulos anteriores. Em seguida, certifique-se de que convidou todos os seus gerentes anteriores para serem conexões de primeiro nível. Desta maneira é possível pedir recomendações para o seu perfil e também procurá-los facilmente para indicações e ajuda com sua busca por um emprego. Isso inclui colegas do passado também; certifique-se de que convidou o maior número possível deles para serem suas conexões de primeiro nível de maneira que tenha uma rede sólida para pedir ajuda e postar recomendações para o seu perfil.

Porque o LinkedIn Dá uma Goleada nos Sites de Emprego

Se você é como a maioria das pessoas procurando emprego – e eu sei como é de minha experiência pessoal quando estava procurando por trabalho – passa

---

[1] Comissão de Valores Mobiliários e Câmbio (Securities and Exchange Commission – SEC). (N.T.)

horas por dia pesquisando os sites de empregos. E enquanto os sites de emprego podem ser parte da sua estratégia, existem tantas razões para mudar o seu foco para tornar o LinkedIn o seu principal site de pesquisa de emprego. A seguir apenas algumas razões por que o LinkedIn é superior:

- **Construção da marca.** No LinkedIn é possível construir a sua marca como a pessoa a ser procurada no seu campo ao atualizar constantemente e adicionar documentos e apresentações ao seu perfil, recebendo recomendações e participando em Grupos e Respostas.
- **Atualize o seu status.** Deixe a sua rede inteira saber que você está procurando um emprego simplesmente atualizando o seu *status* na sua página inicial. Com uma postagem, a sua rede de milhões de pessoas fica sabendo que você está disponível.
- **Networking.** Estatisticamente, 60% das pessoas procurando emprego encontram seu emprego através de networking. O LinkedIn possibilita isso, mas o leva a um nível muito mais aprofundado. Através da pesquisa de pessoas e nas ferramentas de Grupos e Empresas, é possível conectar-se com aqueles que podem ajudá-lo a encontrar um emprego. Como diz o ditado, "Não é o que você sabe, mas quem você conhece". Use todas as suas conexões – primeiro nível, segundo nível e terceiro nível – e colegas membros de grupos para contatar a pessoa que você está contratando.
- **Credibilidade.** Mais do que um currículo postado em um classificado de empregos, o seu LinkedIn vive lado a lado com todas as atividades que dão apoio a quem você diz que é – por exemplo, a sua participação em discussões no LinkedIn.
- **Capacidade de ser encontrado.** Quando se candidata a um emprego, existe uma grande probabilidade de que o recrutador usará um mecanismo para pesquisá-lo da mesma maneira que você faria com um empregador em potencial. Mecanismos de pesquisa favorecem informações da mídia social e do LinkedIn em particular, de maneira que, ao ter um perfil otimizado, ele será encontrado na primeira página do mecanismo de busca quando o seu nome for pesquisado, dando a você uma vantagem sobre usuários que não estão no LinkedIn.
- **Socialização.** Procurar por um trabalho pode ser solitário, especialmente se percorreu os sites de emprego todos os dias. O LinkedIn é uma comunidade viva e ativa de profissionais, onde você faz cone-

xões para o avanço de sua carreira, lê conselhos de negócios de seus pares, e compartilha seus *insights* com outros. Isso torna o LinkedIn uma comunidade de pessoas com os mesmos interesses – um lugar onde "procurar um emprego" não é uma tarefa solitária e chata.

- **Urgência.** Com um site de empregos, você submete o seu currículo e espera. E espera. E espera. No LinkedIn, você pode encontrar uma conexão que valha a pena – alguém na sua empresa-alvo ou alguém que poderia indicá-lo para um gerente contratando – e enviar uma mensagem e muitas vezes receber uma resposta logo em seguida.
- **Pé na porta.** Com o LinkedIn, você pode pedir e conseguir entrevistas informacionais ao contatar pessoas na sua rede que trabalham na sua empresa-alvo. Se as reuniões forem bem, é provável que essas pessoas lembrem-se de você quando aparecer um emprego ou o orientem na direção de uma oportunidade que elas estão sabendo. Lembre-se de que a maioria dos cargos nunca é postada em lugar algum; eles são preenchidos através de indicações. Então quanto mais pessoas você puder encontrar e interagir, melhor será a sua posição quando aparecer um emprego que case com os seus talentos. É por isso que faz sentido contatar gerentes de contratações na sua empresa-alvo no LinkedIn, não importa se eles tenham uma vaga em aberto ou não, e tentar combinar uma ligação ou uma reunião breve.
- **Global.** Muitos sites de empregos focam em uma área ou região; o LinkedIn é mundial.

A razão porque o LinkedIn é superior aos sites de empregos foi explicada pelo especialista em promoção da marca pessoal Dan Schawbel em um ensaio que fez para *Dancing with Digital Natives,* por Michelle Manafy e Heidi Gautschi (CyberAge Books, 2001), um livro sobre a geração que cresceu usando a internet.

> A internet derrubou hierarquias e conectou todas as pessoas em redes dispersas, de maneira que é possível contatar diretamente funcionários em empresas para as quais você quer trabalhar, sem passar pelos tradicionais sites de emprego... O melhor método para as empresas, candidatos e recrutadores conectarem-se ainda é o networking, de acordo com a ExecuNet, que des-

> cobriu que apenas 10% dos cargos abertos para executivos são postados publicamente online (ExecuNet's 2010 Executive Job Market Intelligence Report, abril de 2010). Este número provavelmente cairá para zero em cinco anos. Se você está procurando por um emprego em qualquer nível, está na hora de seguir o caminho dos nativos digitais e começar a usar aqueles sites de networking que você pensou que já era velho demais para aderir.

Schawbel segue em frente para dizer que em uma pesquisa recente feita pela Jobvite, uma empresa de software de recrutamento, indica que "o pessoal do RH usa as redes sociais e outras fontes online para pesquisar candidatos", e 76% usam o LinkedIn.

Colha a Fruta Mais Fácil Primeiro

Procurar emprego no LinkedIn é uma atividade muito mais participativa do que usar sites de empregos, à medida que conectar-se, fazer networking e compartilhar informações são as chaves para o sucesso. Mas isso não quer dizer que não há sites de empregos como os que você passou a conhecer e gostar, porque há. Na realidade, quando vai para *Página inicial > Página inicial LinkedIn*, você verá *Vagas que podem ser do seu interesse* do lado direito, os quais o LinkedIn exibiu com base nas palavras-chave no seu perfil. Clique no título do emprego e você será levado para uma página com as seguintes informações (ver Figura 13-1):

- A descrição completa do emprego.
- O nome da pessoa postando-o com um link para o seu perfil.
- Os nomes das suas conexões de LinkedIn que trabalham naquela empresa.
- Empregos que são similares e foram vistos por outros membros do LinkedIn.
- O botão amarelo *Candidatar-se no site da empresa* ou *Candidatar-se agora*.

Ao clicar no botão *Candidatar-se no site da empresa*, você é levado naturalmente para o site dela, onde pode preencher as suas informações. Se a vaga tem um botão *Candidatar-se agora*, clicando nele abre uma inscrição online para a qual é possível adicionar uma carta de apresentação e currículo. Quando você clicar em *Submeter*, todas as informações, incluindo o seu perfil de LinkedIn, é passado adiante para o gerente de contratações em um instante. Essa é outra razão para ter o seu perfil 100% completo – isso vai ajudá-lo a causar uma excelente primeira impressão (e você nunca tem uma segunda chance de causar uma excelente primeira impressão)!

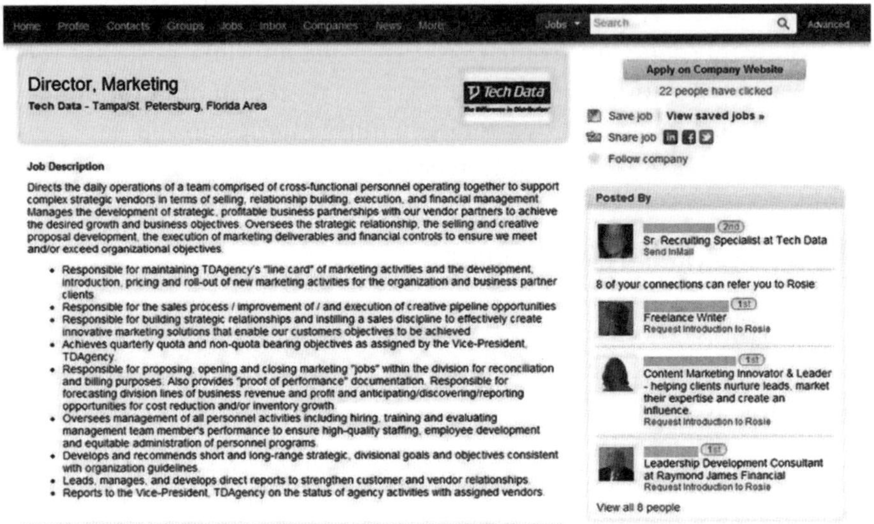

Figura 13-1. Uma oferta de emprego paga de uma empresa no LinkedIn fornece uma descrição completa do emprego, juntamente com um hyperlink para o perfil do recrutador e uma lista de todas suas conexões que podem apresentá-lo à pessoa que postou a vaga.

Pesquisando Ofertas de Emprego Pagas

Após examinar os empregos que o LinkedIn serviu em uma bandeja de prata, você pode clicar então em *Empregos* na barra do menu superior e ser levado para a Página Inicial de Empregos. Insira uma palavra-chave como você faria em outros sites de emprego e selecione os empregos no seu campo de especialidade e na localização que desejar.

Se quiser refinar a sua pesquisa, clique na aba de *Pesquisa avançada* à direita. Ali é possível selecionar critérios incluindo a indústria, título do emprego, nome da empresa, tipo do departamento, localização e quando o emprego foi postado (ver Figura 13-2). Membros *premium* também podem selecionar por faixas salariais. Preencha os seus critérios, clique em *Pesquisar*, e verá os seus resultados.

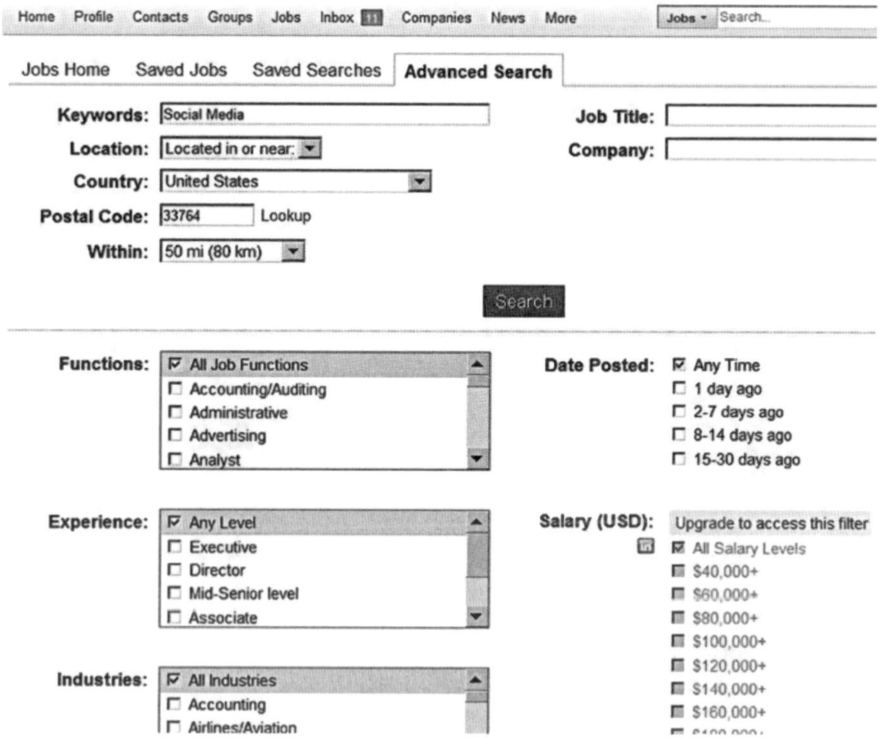

Figura 13-2. A Pesquisa Avançada de Emprego funciona como um site de empregos, permitindo pesquisar através de todas as ofertas de empregos pagas no site.

Neste sentido, o LinkedIn pode funcionar como um site de empregos. Mas a grande ajuda é ver todas as pessoas na sua rede que podem conectá-lo com a pessoa que postou o emprego.

Por exemplo, se eu digitar *mídia social* na seção de palavras-chave e escolher minha localização, que é Tampa, tenho retorno de vários empregos para escolher. Então escolho Gerente de Marketing em uma empresa de tecnologia local e clico nela. Vejo a descrição do emprego e, neste caso, 25 pessoas na minha rede que conhecem quem postou a vaga. Então busco saber quem poderia me apresentar, desse modo transformando uma ligação não-solicitada ou um currículo ao acaso em uma ligação cordial.

Posso contatar qualquer uma das minhas conexões e pedir uma apresentação. Também na página de oferta de empregos estão os nomes das pessoas na minha rede que trabalham na empresa. Posso contatá-los, dizer que vi um emprego anunciado na sua empresa, e tentar conseguir informações sobre o emprego que posso usar para me posicionar melhor e conseguir a entrevista.

Você pode obter informações valiosas fazendo uma referência cruzada do emprego com a página empresarial da firma no LinkedIn. Ao encontrar um emprego que lhe atrair no LinkedIn (ou outro site, não importa), pesquise por esta empresa indo para *Empresas* na barra de ferramentas superior. Na Página Inicial Empresas, digite o nome da empresa no campo de pesquisa por palavra-chave. Então quando a página da empresa for exibida, você verá todas as suas conexões que trabalham ali. Descubra uma que possa compartilhar com você as exigências "secretas" do emprego. Fique sabendo por que a vaga está em aberto e o que eles estão realmente procurando em termos de aptidões. Você também pode ver perfis de pessoas que trabalham na empresa para ter uma noção de que tipos de competências e formação a empresa valoriza.

Então você pode fazer suas pesquisas de emprego na página inicial de Empregos e encontrar conexões naquela empresa na página institucional. É possível salvar 10 pesquisas de emprego na seção Empregos. Volte e examine suas pesquisas salvas todos os dias, uma vez que nunca sabemos quando algo novo vai aparecer.

Quando vir um emprego para o qual quer se candidatar, clique no botão *Candidatar-se agora* e você será levado a um formulário onde pode inserir uma carta de apresentação e anexar o seu currículo. Em alguns casos você será direcionado ao sistema de rastreamento de candidatos da empresa. Apenas siga as instruções e candidate-se.

Pesquisando por Empregos na Seção Empresas

As páginas de Empresas serão de grande ajuda para sua busca por um emprego. Se está sondando uma determinada empresa, uma grande estratégia é ver a sua página.

Vá para a barra de ferramentas de cima e clique em *Empresas > Pesquisar Empresas* para chegar à página inicial Empresas. Digite a sua empresa-alvo no campo de pesquisa e visite a página institucional. Ali você terá todas as atualizações da empresa – quem foi contratado, quem foi promovido, e por aí afora, assim como notícias sobre a empresa que pode usar como vantagem em entrevistas. Você pode ver quem na sua rede trabalha na empresa, e pode ver quais colegas de faculdade seus trabalham lá – informações valiosas para requerer uma entrevista informacional.

Existem também ofertas de empregos. Se clicar na aba *Carreiras* na página de uma empresa, você verá todas as ofertas de emprego pagas daquela empresa. Seguindo com a Apple como meu exemplo, quando clico em *Carreiras* na página da empresa, eu vejo 45 ofertas de empregos. Se eu clicar em qualquer título de emprego, verei uma descrição do emprego completa e um botão que eu posso clicar para candidatar-me ao emprego. Na página de descrição do emprego, também são mostradas minhas conexões de primeiro nível na empresa.

Uma maneira realmente criativa de encontrar um emprego alavancando as informações na página institucional, é a seguinte: como mencionei antes, cada página diz quem foi contratado recentemente. Se você vir alguém que assumiu um cargo desejado na empresa que você está interessado, clique sobre o seu nome e visite o seu perfil para ver qual empresa ele deixou recentemente. O que descobriu é uma empresa com um cargo para ser preenchido com alguém que possui as competências que você tem. Talvez a empresa não vá substituir a pessoa, mas você não saberá até dizer que está pronto para assumir o papel do funcionário que saiu.

Procurando por Empregos em Grupos

Outro lugar para procurar ofertas de empregos é dentro do LinkedIn Grupos. Todo grupo tem uma aba Empregos onde todo membro pode postar um emprego, e eu recomendo fortemente que você dê uma olhada nisso. Até o momento, você tem acompanhado as ofertas pagas. Como gerente de grupo, sei que nem toda organização quer abrir mão do dinheiro para uma oferta paga, de maneira que elas poupam dinheiro postando em Grupos. No meu grupo *Tampa Bay Marketing Professionals*, recebo várias dessas postagens todos os dias. Então elas estão lá... sob o radar. Se está procurando um emprego, isso pode ser bom para você, já que menos pessoas as veem que as ofertas de empregos pagas.

Vá a qualquer grupo que aderiu em um campo interessado, clique na aba *Empregos*, e estará na página de Empregos do grupo. O LinkedIn promove pesadamente as ofertas de empregos pagas (ela é uma empresa pública, pressionada para gerar dinheiro), então a empresa tirou espaço das postagens gratuitas, e você verá somente as ofertas pagas. Mas as ofertas gratuitas postadas por membros do grupo estão ali à esquerda das ofertas pagas sob *Debates de empregos*. Clique naquele hyperlink e verá muitas vagas em aberto. Por exemplo, no meu grupo de Tampa agora, há 11 postagens, incluindo uma de um recrutador que conheço. Ele listou uma série de empregos que tem em aberto. Assim, não negligencie essa ferramenta; você pode até fazer questão de aderir a grupos em sua área, de maneira que possa ter acesso às ofertas de empregos deles. Junte-se a 50 grupos no seu campo e isso vai lhe proporcionar 50 quadros de ofertas de empregos para explorar.

A diferença entre encontrar um emprego na área de empregos de Grupos é a de que você não tem as listas de pessoas na sua rede que trabalham naquela empresa exibida como você consegue quando clica em uma lista paga. Mas é tão fácil de se fazer uma pesquisa no LinkedIn com as páginas de Empresas e a Pesquisa Avançada de Pessoas que não deveria ser um problema encontrar conexões em empresa alguma.

Transforme o Seu Perfil em uma Máquina de Caçar Empregos

Vamos voltar a falar sobre o seu perfil e repassar algumas estratégias de procura de empregos. Agora, coloque-se no lugar dos recrutadores. Eles têm prazos e pressão para preencher as pilhas de vagas em aberto sobre as suas mesas. Eles fazem o mais fácil primeiro: procuram pela nata. Fazem uma pesquisa de pessoas e digitam a palavra-chave da especialidade que eles precisam: *codificação de HTML*, ou *Adobe Photoshop* ou *engenheiro químico*. Os perfis que aparecem no topo têm mais chance de serem vistos primeiro, e essas pessoas serão chamadas primeiro.

É por isso que é tão importante ter um perfil otimizado e bem posicionado. Primeiro, certifique-se de que o seu perfil está 100% completo; se ele estiver, as suas chances de ser encontrado aumentam muito. Em seguida, certifique-se de que o tenha otimizado com a competência para a qual quer ser encontrado. Seja específico – duas ou três palavras no máximo, e observe se as palavras-chave estão nos quatro lugares cruciais que mencionei no Capítulo 6 a respeito da otimização do seu perfil.

Aqui vai uma dica: coloque-se no lugar do recrutador novamente e pesquise por alguém para preencher uma vaga que você está procurando indo para Pesquisa Avançada de Pessoas (clique em *Pessoas* no menu superior direito; então clique em *Avançada* junto à lente de aumento). Na tela seguinte insira suas palavras-chave e a localização e veja o que aparece. Ali está a sua concorrência por aquele emprego. Agora olhe proximamente o perfil e veja onde aparecem as palavras-chave destacadas. A essa altura, a sua tarefa é clara: adicione essas palavras-chave em uma maior quantidade precisamente nos mesmos lugares no seu perfil e adivinhe quem vai aparecer como número um naquela pesquisa da próxima vez? Sim, você. Tente hoje e verá resultados instantâneos.

Dicas de Perfil Avançado para Caçadores de Empregos

Se realmente quer que o seu perfil seja uma máquina de caçar empregos, aqui vão mais ideias. Transforme o seu título em um anúncio para a sua caçada de emprego. Vá para *Perfil > Editar Perfil*, clique em *Editar* junto ao nome, e na seção "Título Profissional" anuncie ao mundo que está procurando oportunidades.

Escreva: "Procurando Ativamente uma Oportunidade de Oferecer Minha Ampla Experiência em Liderança de Vendas para Aumentar os Lucros". Ou: "Procurando uma Posição em Redação de Publicidade para Criar Anúncios Empolgantes e Inovadores" ou "Buscando uma Oportunidade em Engenharia para Escrever o Código para a Próxima Grande História de Sucesso na Internet". No seu título, diga o que está procurando, mas diga de uma maneira que demonstre acrescentar valor a qualquer empresa que o contratar. Vamos direto ao ponto: recrutadores e gerentes de contratações se preocupam *somente* com o que você pode fazer por eles, então alardeie isso no seu título.

Toda vez que postar algo em qualquer lugar no LinkedIn – por exemplo, em Grupos ou Respostas – as pessoas verão o seu nome e título. Se causar uma grande impressão nas pessoas e elas precisarem de alguém como você – ou souberem de alguém que precisa – você pode estar a caminho de uma entrevista ou uma nova posição.

Em seguida, cuide da seção Posição Atual no seu perfil, com cuidado. Se listar o seu último trabalho ali, você apenas confundirá as pessoas se realmente precisa ou não de um emprego. E é pouco ético dizer que trabalha em um lugar que não trabalha. Lembre-se, tudo no LinkedIn marca você. Em vez disso, eu recomendo colocar "consultor" para o seu trabalho atual; você poderia elaborar e dizer: "Atuando como consultor e procurando por um cargo em turno integral". Outra ideia é, se gerencia um Grupo do LinkedIn, você poderia usar esse título, já que ele o marca como um especialista, e mostra que está se mantendo ocupado, e os leitores saberão que não é um trabalho em turno integral. Se tem um papel de liderança em uma organização voluntária, você pode colocá-lo como seu emprego atual.

Seguindo em frente, use a seção de Resumo (vá para *Perfil* > *Editar Perfil* e clique em *Editar* junto ao *Resumo*) para criar um anúncio para você mesmo como uma pessoa procurando emprego. Fale sobre o cargo que considera perfeito, porque o quer, e o que na sua experiência o torna a pessoa perfeita para ocupá-lo. Crie um anúncio para você mesmo, tendo em mente que ele deve ser orientado por valores para o leitor. Uma seção de Resumo claramente colocada deve possibilitar que um leitor saiba de saída se você é perfeito para o trabalho.

Recomendo criar seu resumo de procura por um emprego em um esboço. Escreva no Word primeiro e copie e cole no LinkedIn; dessa maneira pode corrigir erros de ortografia e usar os marcadores bacanas oferecidos. A seguir minhas sugestões de títulos para o seu esboço de Resumo:

Sobre Jane em Busca de um Emprego: Nesta seção, escreva uma visão geral em três ou quatro frases sobre suas habilidades e talentos e o que pode oferecer à empresa.

Como Posso Acrescentar Valor à sua Organização: coloque a lista de itens das diferentes maneiras que pode ajudar a empresa.

Pontos Altos da Minha Experiência: coloque uma lista com marcadores das diferentes maneiras como pode ajudar a empresa.

O que Estou Procurando: coloque qual o tipo de organização você quer aderir e onde ela está localizada.

Como Contatá-lo: Sob esse título, coloque cada meio de contato para que os recrutadores possam facilmente entrar em contato com você.

Esses são apenas títulos sugeridos. Modifique-os para sua pesquisa de emprego particular.

O próximo passo é certificar-se de que adicionou todas as competências que você possui e quer exibir para o seu futuro gerente. Vá para *Mais* na barra de ferramentas superior e clique em *Competências & Especialidades*, digite uma competência no campo de pesquisa, e então clique *Adicionar Competência* de maneira que isso apareça no seu perfil. Acrescente tantas quantas conseguir encontrar que representem o seu conjunto de competências, até um limite de 50. E lembre-se, com a ferramenta da *Recomendação*, você pode ter as suas conexões de primeiro nível endossando suas competências. Quando uma conexão endossa a sua competência, a imagem dela com o hyperlink para o seu perfil aparece próxima da competência que endossou. Quanto mais pessoas você tiver endossando uma competência, mais rostos sorrindo aparecerão junto àquela competência.

Em seguida, certifique-se de que tem recomendações para cada um dos seus perfis de empregos. A prova social é fundamental. Busque recomendações de todas as pessoas com quem trabalhou. Recrutadores darão mais importância a gerentes para os quais trabalhou e clientes que atendeu. Recomendações de colegas de trabalho provavelmente serão desconsideradas, pois é fácil demais trocar recomendações com amigos.

Foque as Conquistas

Desnecessário dizer que é importante completar todas as seções no seu perfil porque recrutadores e gerentes de contratações as conferirão no seu LinkedIn. Na seção Experiência, onde você lista empregos passados, foque nas suas conquistas, não apenas suas responsabilidades. Se aumentou as vendas em 25%, diga isso; se cortou os custos em 15%, diga isso. Seja específico. Gerentes de contratações querem saber os resultados do seu trabalho.

Você também pode colocar qualquer trabalho em meio turno, serviços de consultoria e cargos voluntários se isso ajudar a promover a sua reputação e credibilidade para o tipo de trabalho que você está procurando. Em termos muito específicos, adicione as suas conquistas ali.

Use o Box.net para Fornecer o Seu Currículo

Digamos que um recrutador está olhando para dois perfis de LinkedIn, e ele precisa preencher uma vaga com certa pressa. Ele precisa ver o currículo rápido; se o seu currículo já está no seu perfil, você tem a vantagem. O recrutador não precisa gastar tempo para ligar para você ou enviar um e-mail pedindo o seu currículo.

Tenha o seu currículo disponível para os recrutadores transformando-o em um arquivo PDF e usando um dos aplicativos gratuitos no LinkedIn chamados Box.net. No menu superior, vá para *Mais > Obter Mais*

Aplicativos e baixe o Box.net. Faça uma conta gratuita com este aplicativo e adicione-o ao seu perfil. Você será capaz então de carregar o seu currículo (após remover qualquer informação confidencial) de maneira que qualquer recrutador ou gerente de contratações possa tê-lo instantaneamente. Você precisará de um conversor de PDF, como o Adobe.

Seja Multimídia e se Destaque

Torne o seu perfil ainda mais próximo de uma máquina de caçar empregos tirando vantagem de todos os aplicativos gratuitos do LinkedIn. Como mencionei, use o Box.net para postar seu currículo e exemplos do seu trabalho. Use o SlideShare para carregar o seu portfólio ou um documento de Power Point que explique as suas experiências e qualificações únicas.

Faça um currículo em forma de vídeo. Coloque roupas adequadas e peça que um amigo o filme em um lugar bem iluminado e sem bagunça alguma no fundo. (Latas de cerveja vazias, roupas íntimas penduradas nas paredes e um narguilé não causarão uma impressão favorável). Faça-o da maneira mais profissional possível filmando-o em um cenário como uma sala de conferência ou um escritório que você pode tomar emprestado de um amigo. Fale sobre si mesmo e suas experiências, e deixe que o vídeo transmita quem você é e o que pode fazer para qualquer organização. Ele é mais poderoso do que um currículo ou um perfil cheio de texto e proporciona uma visão dinâmica e ampla das suas competências.

Para carregar o vídeo para o seu perfil, vá para a barra de ferramentas superior, clique em *Mais > Obter Mais Aplicativos*, e selecione o aplicativo SlideShare PRO, adicione ele ao seu perfil, e carregue o vídeo.

Esteja Disponível e Mostre Isso

Se você está procurando trabalho, certifique-se de clicar na caixa junto a *Oportunidades de carreira* nas suas configurações de contato no campo na parte de baixo do seu perfil. Clique no link *Mudar preferências de contato* para editar essa seção. Faça isso porque as suas preferências de contato têm de ser consistentes com o resto do seu perfil ou os recrutadores vão desconsiderá-lo.

Alavanque a Sua Alma Mater

Aproveite para tirar vantagem do seu *status* de ex-aluno conectando-se com pessoas que foram para sua escola. Elas podem estar em posição de conseguir-lhe uma entrevista informacional em uma empresa-alvo, ou até mesmo de indicá-lo a um gerente de contratações. Para encontrá-las:

- Pesquise o Diretório de Grupo para seu grupo de ex-alunos, junte-se a ele, e faça contatos com os formandos da sua faculdade. Você pode também enviar uma mensagem através do LinkedIn para o gerente do grupo, apresentar-se, e descrever porque aderiu ao grupo. Essa pessoa pode fornecer *insights* e conselhos valiosos.
- Faça uma Pesquisa Avançada de Pessoas com o nome da sua faculdade como uma palavra-chave e use variações diferentes do nome da faculdade, incluindo acrônimos (por exemplo, pesquise University of California Los Angeles e UCLA).
- Use a função *Encontre Colegas* na seção *Contatos > Adicionar Conexões* e expanda a sua faixa de datas de formatura para encontrar ainda mais ex-alunos.

Quando encontrar um ex-colega com quem quer fazer networking, peça por informações primeiro, então uma referência. Dessa maneira, você pode conhecer a pessoa e fazer amizade, o que pode ser a base para ela ajudá-lo.

Encontre uma Feira de Empregos

Muitas vezes organizações locais e empresas postam suas feiras de empregos e eventos abertos ao público no Eventos LinkedIn. Esta é uma grande oportunidade para encontrar gerentes de contratações e recrutadores pessoalmente e praticar seu discurso de 30 segundos de elevador (assim chamado porque se você entrasse em um elevador com uma pessoa para quem você precisasse vender a si mesmo a ela, você teria apenas alguns poucos segundos para impressioná-la antes que ela saísse do elevador).

Na barra de ferramentas superior, vá para *Mais > Eventos* e na página inicial de Eventos, digite no campo Pesquisar Eventos palavras que o ajudarão a encontrar o evento certo. Escreva o nome da sua cidade ou região e *empregos, evento aberto ao público* ou *feira de empregos.*

Quando digito *Feiras de emprego Tampa*, recebo cinco eventos que estão vindo para minha cidade, e onde posso ir e encontrar gerentes de contratações. Você também pode fazer uma pesquisa por profissão. Quando digito *feiras de emprego de mídias sociais*, recebo quatro páginas de feiras de todo o país que poderia participar. Você também poderia digitar o nome de uma empresa e *feira de empregos* ou *evento aberto ao público*.

Experimente com diferentes termos de pesquisa até encontrar eventos onde possa ir – e sair de detrás do computador! Mesmo se não conseguir um emprego, você pode lançar as sementes para o futuro, encontrando recrutadores e gerentes de contratações nas empresas-alvo.

Participe de Grupos

Grupos podem ser uma das armas mais poderosas no seu arsenal para conseguir um emprego. Você pode aderir a 50, então maximize essa ferramenta e vá até o limite permitido. Entre em grupos que terão profissionais com os quais você gostaria de trabalhar. Responda postagens interessantes com sua participação cuidadosa. Toda vez que fizer isso, você terá uma chance a mais de ser observado pelas pessoas que podem ajudá-lo potencialmente. Adicionalmente, os recrutadores muitas vezes participam de grupos específicos, procurando por especialistas.

Nos Grupos seja honesto e prestativo. Conecte-se com tantas pessoas quanto for possível, uma vez que você nunca sabe quem poderá ajudá-lo a encontrar um emprego. Como membro do grupo, você pode enviar mensagens diretas para outros membros. Então não seja tímido, e contate alguém que fez uma postagem interessante ou que trabalha em algum lugar que você gostaria de saber mais a respeito.

Além de aderir a grupos no seu campo, considere juntar-se a alguns dos milhares de grupos devotados à caça de empregos. Alguns desses grupos são enormes. Por exemplo, no canto superior direito no campo de pesquisa, selecione *Grupos*, digite *empregos*[2], e o primeiro grupo que você verá é *Jobs: Job Opening, Job Leads and Job Connections*! com mais de 600 mil membros. O próximo é, *Jobs: Job & Career Network*, que tem mais de 340 mil.

Esses grupos tem várias pessoas procurando empregos, como você, mas também gerentes de contratações e recrutadores que estão postando empre-

---

2 "Jobs" no original. (N. T.)

gos. Além das muitas postagens de empregos, haverá conselhos gratuitos e proveitosos sobre currículos, entrevistas e estratégias de pesquisa de empregos postadas por consultores de carreira. Junte-se a alguns desses grupos de Empregos e aproveite as postagens e conselhos para acelerar a sua pesquisa.

Responda a Perguntas para Estabelecer a Sua Marca

Uma questão a respeito da procura de empregos é que sempre há um tempo ocioso entre as entrevistas. Aproveite esse tempo respondendo às perguntas no seu campo e tornando-se um líder de ideias no LinkedIn. Você nunca sabe se alguém que tem uma ou sabe de uma vaga em aberto lerá as suas respostas. Meus amigos da área de recrutamento disseram que os *headhunters* muitas vezes acompanham a seção Respostas procurando por candidatos potenciais.

Tendo em vista que o seu título aparece ao lado da sua resposta de especialista, talvez você seja contatado para um emprego. Responder a um conjunto de perguntas deve fazer parte de seu dia assim como a conferência de vagas. Ao colocar perguntas instigantes, você também se posicionará como um líder de ideias no seu campo e alguém que as pessoas admiram e querem conhecer. Lembre-se, você pode responder a um número ilimitado de perguntas e até fazer 10 perguntas por mês. Fazer perguntas divulga o seu nome e contribui para a marca que você está construindo no LinkedIn.

Também, quando você toma parte nas Respostas, isso aparece no seu perfil. No lado direito em *Perfil > Ver Perfil,* você verá (*Seu nome*) *P e R.* Quaisquer perguntas que você fizer aparecerão ali, e se conseguiu o seu status de Especialista tendo o seu nome classificado como o melhor, você terá uma estrela e uma descrição da categoria na qual é especialista. Isso mostra aos recrutadores e gerentes de contratação que você está tomando parte ativamente em conversas profissionais e se mantendo atualizado.

Pesquise na Sua Especialidade

Digamos que você tenha uma especialidade específica, como uma linguagem de programação como JavaScript, XHTML, ou Ruby on Rails. Você poderia usar a Pesquisa Avançada de Pessoas para encontrar empresas na sua área.

Selecione *Pessoas* no campo de pesquisa no canto superior direito da tela, e então clique no hyperlink *Avançado* junto à lente de aumento para chegar à página de Pesquisa Avançada de Pessoas. Digite a sua especialidade no campo da palavra-chave, e selecione a sua localização. Você será então apresentado a muitas pessoas que têm competências semelhantes as suas. Examine as pessoas e veja para quais empresas elas trabalham. Então descubra como você pode abordar essas empresas para ver se têm alguma vaga. Pelo menos tente conseguir uma entrevista informacional para manter contato e ficar na mente da pessoa quando aparecer uma vaga.

Faça um Upgrade para uma Conta Job Seeker Premium

O LinkedIn oferece uma conta gratuita para auxiliá-lo na sua procura por um emprego mas se você quiser incrementar suas capacidades, considere fazer um upgrade para uma conta Job Seeker Premium indo para *Empregos > Job Seeker Premium*.

Quando você chegar a esta conta, o LinkedIn coloca um pequeno ícone de maleta junto ao seu nome no seu perfil, notificando recrutadores que você está procurando emprego. Há mais benefícios como:

- Colocação como candidato destacado quando se candidatar para um emprego.
- Mais ferramentas de procura de empregos.
- InMails para contatar pessoas fora das suas conexões de primeiro nível.
- Uma lista completa de todas as pessoas que leram o seu perfil.

Examine as suas opções de conta Job Seeker Premium e veja se elas interessam a você.

Faça uma Pesquisa para Sua Entrevista

Quando conseguir uma entrevista, procure pela organização para a qual está se candidatando em Empresas no LinkedIn; leia sobre a empresa para ficar bem informado. Também confira o perfil da pessoa que vai entrevistá-lo. Se você não sabe quem o entrevistará, ligue antes e pergunte à empresa quem é o entrevistador, e se for uma entrevista de equipe, tente pegar o nome de todas as pessoas e veja todos os seus perfis.

Você pode procurar por assuntos de interesse comum que quebrarão o gelo com o entrevistador. Ao ler o seu perfil assim como as recomendações que ele escreveu para os outros, você fica sabendo do que ele gosta e do que não gosta, além de preparado para brilhar na entrevista. Talvez ele já trabalhou em uma empresa que você conhece bem ou admira. Ou faça um trabalho voluntário para uma causa que você também apoia. Ao mencionar essas coisas na entrevista, isso vai impressioná-lo porque você se interessou o suficiente para pesquisá-lo e não ir de mãos abanando à entrevista. Isso também mostra que você sabe usar as mídias sociais, o que é importante para todos os negócios no planeta hoje em dia.

Conselhos de um Consultor de Carreiras para Procurar Emprego em Mídias Sociais

Quando terminamos este capítulo, achei que seria uma grande ideia chamar um consultor de carreiras para algumas dicas de fechamento. Lee Silverstein especializou-se em ajudar os seus clientes a encontrar trabalho rapidamente usando mídias sociais para ser descoberto por recrutadores e gerentes de contratação. Lee tem 29 anos de experiência em liderança e desenvolvimento organizacional, treinamento, entrevistas e contratação. Lee me disse:

> A seguir as 10 principais estratégias para procurar emprego em mídias sociais que compartilho com meus clientes.
>
> 1 Não "copie e cole" o seu currículo no seu perfil de LinkedIn! Quando você interage com gerentes de contratação ou recrutadores, uma de duas coisas vai acontecer: eles o encontrarão no LinkedIn e então pedirão o seu currículo ou receberão o seu currículo e então conferirão o seu perfil no LinkedIn. O LinkedIn proporciona a você uma oportunidade de compartilhar informações adicionais sobre você mesmo e fazê-lo em uma "voz" diferente. Tire vantagem disso.
>
> 2. O passado é o passado; foque todo o resto para o futuro. Se o seu emprego anterior era em contabilidade, mas você quer entrar em planejamento financeiro, então certifique-se de que o seu título, resumo, especialidades e competências (mais sobre isso depois) estejam todos focando o planejamento financeiro.
>
> 3. Personalize o seu resumo de perfil no LinkedIn e escreva na primeira pessoa. Escrever na primeira pessoa mostra você como um "ser humano". O seu resumo deve incluir palavras-chave focadas no cargo

(não o trabalho) que você está interessado. Ele deve responder às seguintes perguntas:

- O que você faz?
- Como você faz isso?
- Para quem você quer fazer isso?

4. Nunca esqueça, quando procurando por uma nova carreira, você está vendendo; o produto é "você". A sua meta é fazer com que o comprador (o gerente de contratação ou recrutador) queira comprar o que você está vendendo (você). Anthont Parinello, em seu livro *Selling to VITO (the Very Important Top Officer)*, coloca que vendedores bem-sucedidos provam que seu produto pode ajudar uma empresa em pelo menos uma das quatro áreas a seguir:
   - Aumentar as receitas
   - Melhorar as eficiências
   - Reduzir custos e/ou gastos
   - Estar em concordância legal/regulamentar

   No seu perfil de currículo do LinkedIn, cite onde você fez pelo menos uma dessas quatro coisas em cada emprego que teve.
5. Trate as suas conexões como o seu jardim; cultive e cuide delas. Use os passos que Dan menciona no Capítulo 7 para construir as suas conexões. Cultive elas escrevendo recomendações, aderindo e participando de seus grupos, e apresentando-as para os outros.
6. Tire vantagem de tudo que a seção Competências & Especialidades tem a oferecer. Esta seção muitas vezes esquecida do LinkedIn apresenta todas as oportunidades no mesmo lugar para quem procura emprego. Vá para o menu de cima e clique em *Mais > Competências & Especialidades* e você se encontrará na página inicial de Competências & Especialidades. Insira a sua competência ou especialidade e clique em *Pesquisar*. Para cada competência que você inserir, você encontrará:
   - Conexões (primeiro, segundo e terceiro graus) que compartilham a mesma competência.
   - Empresas que se especializam nesta área de competência.
   - Empregos postados procurando por indivíduos com aquela competência.
   - Grupos sugeridos aos quais você pode aderir relacionados àquela competência
7. Você recebe o que você dá. Seja generoso (entretanto, sincero), com as suas recomendações de LinkedIn, deixe comentários positivos em blogues, e *retuite* os artigos de outras pessoas.

8. Construa a sua reputação profissional online. Quando pesquisa o seu nome na internet, o que você encontra? Se a sua resposta for "nada" ou apenas o seu perfil de LinkedIn, você tem trabalho pela frente. As empresas querem ver que você tem uma reputação como um especialista no seu campo. Um perfil de LinkedIn de qualidade é um primeiro passo. Você também deve criar perfis profissionais no Google (https://profiles.google.com/), e nos sites de perfis pessoais gratuitos About.me e Flavors.me.
9. Leia blogues, especialmente aqueles relacionados ao seu campo. Bloggers são uma grande fonte de informações e fazem grandes conexões. Deixe comentários positivos onde for apropriado, e compartilhe as postagens que você gosta particularmente no LinkedIn, Google Plus, Facebook e via Twitter.
10. Passe algum tempo em "espaços virtuais" de pessoas com as quais você quer se conectar. Interessado em trabalhar na Dell, Inc.? Você sabia que Michael Dell é muito ativo no Google Plus?
11. Eu sei que Dan pediu por 10 dicas, mas eu sempre acredito em dar um pouco a mais! Encontre as pessoas na vida real. Você não conseguirá a sua próxima carreira sentado na frente do seu computador o dia inteiro. Pegue o telefone e ligue para suas conexões e descubra mais sobre elas. Se elas forem locais, combine um encontro para um café. Não esqueça daquela nota de agradecimento após o encontro.

Para mais informações sobre a empresa de Lee, visite http://tampabayjobcoach.com.

Quer esteja em uma montanha russa de uma caçada por um emprego ou conferindo as condições para ver como está o mercado, estou convencido de que tornar o LinkedIn uma grande parte do seu dia ajudará a impulsionar a sua carreira. Tendo em vista que pessoas contratam pessoas – e há mais de 175 milhões delas no LinkedIn – expanda as suas oportunidades interagindo com outros profissionais no site o máximo que puder. Deixe-me terminar essa seção com essas dicas de fechamento:

- Divulgue a sua procura: certifique-se de que o maior número possível de pessoas na sua rede sabe que você está procurando por um emprego.
- Seja ativo: participe das discussões de grupo, responda a perguntas e compartilhe artigos interessantes que você encontrou na sua rede. Quanto mais valor puder proporcionar, de maneira melhor e mais visível você aparecerá no LinkedIn.

- Seja proativo e encontre com as pessoas pegando o telefone (sim, aquele dispositivo eletrônico no seu bolso).
- Passe algum tempo pesquisando seus contatos nas empresas-alvo em busca de gerentes de contratação em potencial ou futuros colegas de trabalho, e então os contate diretamente.
- Construa relações de duas vias. A função do LinkedIn é ajudar os outros primeiro, e essa boa vontade pode voltar para você.
- Expanda a sua procura por um emprego além do LinkedIn para o Google. Usando o Big Brother Google (brincadeira, gente), você pode na realidade configurar notificações automáticas de qualquer tópico escrito a respeito do assunto na internet, e elas serão enviadas direto para sua caixa de entrada de e-mail. O Google Alerts é um serviço gratuito. Você pode dizer ao Google para notificá-lo quando a sua empresa-alvo for mencionada na internet; o mesmo vale para um gerente de contratação que esteja buscando contatar, um determinado cargo que você esteja buscando, ou acontecimentos no seu campo. Em http://www.google.com/alerts configure o número de notificações que quiser.

* * *

Existem tantas maneiras de acompanhar oportunidades de carreira no LinkedIn que é difícil imaginar o site criar uma nova, mas o LinkedIn fez isso. O Signal permite que você isole qualquer uma das conversas entre os milhões de pessoas no site que tenham a ver com contratação no seu campo e localização. No capítulo seguinte veremos o que é o Signal e como ele pode ajudá-lo a encontrar um emprego que provavelmente nunca chegou a ser postado.

Capítulo 14: Estreite o Foco de Suas Buscas com o LinkedIn Signal

Encontre um Emprego com Signal

O LinkedIn tem tanto a oferecer, e como toda mídia social, ele é uma comunidade viva e ativa sendo atualizada a todo momento. E se pudesse escolher uma palavra-chave e ver quem está falando sobre ela em toda a sua rede e em todos os grupos aos quais você pertence? Bem, o LinkedIn tomou uma página do Twitter e criou Signal, que você acessa gratuitamente indo para a barra de ferramentas superior e clicando em *Notícias > Signal*. (Ver Figura 14-1).

Por vários anos nós fomos capazes de isolar pensamentos no avanço irresistível de ideias que é o Twitter indo para www.twitter.com/search, digitando uma palavra-chave, e vendo em tempo real quem estava falando sobre qualquer tópico. Você pode digitar a sua cidade, seu setor, o nome de uma pessoa, uma empresa, ou o que quer que seja, e ver quem está fazendo o quê no Twitter.

O LinkedIn desenvolveu o seu próprio mecanismo similar de pesquisa para acompanhar todas as atualizações sendo feitas através de sua rede em status, postagens de grupos, LinkedIn Respostas, mudanças de perfil e por aí afora. Todas as pesquisas podem ser isoladas por variáveis diferentes, incluindo questões como localização, grupos, setor e tipo de atualização.

Figura 14-1. O Signal proporciona informações atualizadas minuto a minuto para qualquer pessoa vendendo um produto ou serviço ou procurando pelo seu próximo emprego.

Trata-se basicamente de um novo tipo de ferramenta de inteligência para se manter atualizado com tudo que você esteja pesquisando. Os aplicativos quem estiver procurando emprego são incríveis. Digamos que você esteja procurando por um emprego em Nova York. Você iria para *Notícias* > *Signal* e digitar a palavra-chave *Contratando*, selecionar todos os níveis de conexões, colocar Nova York na localização, e ver, minuto a minuto, qualquer referência, em postagens ou atualizações, sobre contratações na *Big Apple*.

Digamos que eu queira tornar minha pesquisa de emprego Signal específica. Então já que estamos falando sobre a *Big Apple*, e se eu colocasse *Apple* na seção da empresa? Quando eu fizer isso, recebo uma página cheia de pessoas que trabalham para a Apple que postaram uma atualização falando sobre contratar pessoas para a empresa. Você também poderia digitar o nome de um gerente de contratação ou um recrutador e examinar todas as atualizações dessa pessoa para ver se ela está falando sobre contratações. Poderia colocar o nome de uma empresa-alvo e receber atualizações sobre essa empresa, como a abertura de uma filial que precisa de funcionários.

Todas essas pesquisas podem ser salvas, também. Apenas clique no botão +*Salvar* no topo, e sua pesquisa será salva de maneira que você possa voltar a ela durante o dia. Uma questão que observei é que as configurações são de certa forma sensíveis. Se você fizer uma pesquisa, mas então decidir fazer outra, você não pode simplesmente mudar os critérios. Você precisa voltar para *Notícias* > *Signal*, renovar a página inteira, e então inserir os seus novos critérios; de outra maneira, ele vai salvar critérios da última busca.

Com Signal, talvez você encontre pessoas postando que estão contratando e ser o primeiro a contatá-las, já que existe uma boa chance de que elas não publicaram anúncios de empregos ou postaram oficialmente os empregos em lugar algum. Então é uma boa ideia manter um olho no Signal durante o dia e aprender a usá-lo como um quadro de empregos atualizado.

Construa o seu Negócio com Signal

Se está ativamente vendendo produtos e serviços, você pode usar o Signal como uma forma de coleta de informações. Pesquise sobre a sua empresa para descobrir o que as pessoas estão dizendo sobre você. Pesquise sobre os seus produtos ou aqueles vendidos por seus concorrentes. Faça uma pesquisa sobre os seus competidores para ver como eles estão posicionando-se.

Tempo é tudo. Se você está em vendas, faça uma pesquisa sobre as empresas que você está buscando fazer negócios e receberá atualizações em tempo real que você pode usar como temas de conversa para quebrar o gelo inicialmente com pessoas nessas empresas. Procure por mudanças nas empresas que indiquem novos problemas ou necessidades que você pode solucionar. Tente acrescentar a palavra *recomendar* na sua pesquisa à categoria do seu produto para ver se consegue encontrar alguém pedindo recomendações para o que você tem para vender.

A seguir alguns exemplos de como estou usando o Signal: eu faço uma pesquisa sobre líderes de ideias em mídia social para me atualizar com o que eles estão dizendo. Eu digito o nome deles no campo de pesquisa de palavras-chave e então leio todas as suas atualizações. Eu também faço uma pesquisa sobre a minha profissão, Treinamento em LinkedIn, para ver o que os meus concorrentes estão fazendo e ver o que eu posso aprender com suas abordagens e seus sucessos. Estudo como promovem os seus cursos, quando o oferecem, e quanto cobram de maneira que eu possa permanecer competitivo com o mercado.

* * *

Como você pode ver, o Signal é uma ferramenta para múltiplas finalidades para procurar por oportunidades, criando inteligência competitiva, e mantendo-o atualizado com seu campo escolhido. Tente o Signal, e deixe-o isolar as ideias e comentários que o ajudarão na sua carreira. Agora, vamos voltar para o que é discutivelmente a tendência mais quente este ano, computação móvel, e ver como o LinkedIn se encaixa no quadro e como é possível permanecer conectado cada minuto com suas valiosas conexões.

Capítulo 15: Tornando-se Móvel – o Poder do LinkedIn em todos os Lugares

Leve-o com Você

Não é necessário ir longe para ver quase todo mundo caminhando de cabeça baixa, olhos fixos no telefone móvel, enviando mensagens ou comprando produtos. Parece que a revolução móvel nos tragou completamente, e algumas estatísticas que encontrei na Sitewire, uma agência de marketing online, confirma isso:

- Existem 285 milhões de usuários móveis nos Estados Unidos, o que representa 91% da população.
- Espera-se que os dispositivos móveis passem os computadores pessoais como os dispositivos de acesso à internet em 2013, de acordo com a Gartner Research.
- Estimados US$ 2,2 bilhões em vendas de bens físicos foram comprados por telefones móveis em 2010.
- Em 2015, mais de 50% dos usuários móveis farão transações bancários com seus aparelhos.
- É esperado que o varejo de telefonia móvel alcance US$ 12 bilhões em 2014.
- Espera-se que o mobile marketing cresça de US$ 26 milhões em 2009 para US$ 106 milhões em 2014.

Essas são apenas algumas das estatísticas que demonstram que estamos nos tornando um mundo verdadeiramente baseado em dispositivos móveis. Para tudo que possa imaginar fazer em um PC, "há um aplicativo para isso" no seu dispositivo móvel. Felizmente, o LinkedIn é parte da revolução móvel e proporciona um aplicativo gratuito, ou *app*, que recomendo com toda convicção.

Confesso que passar a usar aplicativos não foi algo fácil para mim. Tive de jogar fora meu velho telefone celular – que se tornara uma extensão virtual do meu braço –, algo que eu achei que nunca faria. (O nome do velho telefone começa com um *B* e ele simplesmente não suportava aplicativos ou imagens). Comprei um dispositivo de última geração, que usa o sistema operacional Android da Google, um Samsung Galaxy Epic. Agora posso levar o LinkedIn comigo para todos os lugares que vou. Sempre que tenho alguns minutos de folga, eu me conecto ao aplicativo móvel.

Esse aplicativo é inteligentemente projetado para proporcionar grande parte da funcionalidade do site. No aplicativo móvel do LinkedIn, é possível:

- Conferir minha caixa de entrada e ver se algo precisa de atenção imediata.
- Examinar atualizações da minha rede e fazer comentários.
- Analisar meus grupos e ler postagens e comentar.
- Conferir perfis de pessoas na minha rede com as quais eu talvez queira fazer negócios.
- Ler notícias trazidas a mim pelo LinkedIn.
- Procurar nas sugestões do LinkedIn por pessoas para me conectar.

Profissionais de vendas, proprietários de negócios, pessoas à procura de emprego, e qualquer um vendendo seu produto achará este aplicativo inestimável. Eu o acho muito prático, e se você tiver um smartphone, irá aproveitá-lo também. Se você não tem um aparelho que suporta aplicativos, então talvez seja hora de comprar um.

O LinkedIn é para Tablets Também

O computador morreu? Será que falta pouco para toda a computação ser feita somente em tablets, os computadores desktop e laptop de nossa juventude serão uma memória distante?

O debate segue acalorado, e tudo que posso dizer é que meu tablet é simplesmente fantástico. Mas não estou pronto para abandonar meu laptop ainda porque digitar rápido em um tablet é uma habilidade que eu ainda não dominei. Mas para tarefas importantes como jogar pinball, gamão e Angry Birds, assim como estender meu dia de trabalho à noite, enquanto sento no sofá assistindo à TV e respondendo e-mails é um prazer de verdade.

Meu tablet é um iPad, um dispositivo incrível e meu primeiro produto da Apple. Eu era um usuário de PC convicto minha vida inteira até a Apple abrir uma de suas lojas insanamente lucrativas próximo de minha casa com produtos insanamente fantásticos totalmente à mostra. Após algumas semanas perambulando pela loja e brincando com um iPad, eu simplesmente tinha de ter um. Não é de causar espanto que essas lojas sejam tão lucrativas! (De acordo com um artigo no blogue de tecnologia Mashable, lojas da Apple vendem mais por metro quadrado que qualquer outro varejista nos Estados Unidos).

Eu rapidamente me tornei um cliente da loja de aplicativos da Apple, e baixei o aplicativo do LinkedIn gratuitamente. O aplicativo também está disponível para proprietários de tablets Android na loja Google Play. Quando abrir o aplicativo, você verá três caixas principais. Clique na primeira, rotulada *Todas Atualizações*, e você é levado a uma tela que pode ser vista da esquerda para direita como um aplicativo de notícias popular chamado Flipboard. Você verá atualizações das suas conexões, histórias de notícias, postagens de grupos do LinkedIn dos quais você é membro, e por aí afora.

Clique na segunda caixa, marcada *Você*, e tenha acesso ao seu perfil, pessoas que viram o seu perfil, sua atividade recente no site, suas conexões e muito mais.

Por fim, clique na terceira caixa, intitulada *Mensagens*, que o leva para sua caixa de entrada do LinkedIn e leia o seu correio e notificações faça conexões no LinkedIn.

O aplicativo para tablet do LinkedIn é outra boa maneira de permanecer em contato com sua rede no site e também ter acesso a tópicos que são tendências através de histórias de notícias e atualizações. É apenas mais um modo de a informação para ajudar seu negócio e sua carreira estar prontamente disponível na ponta dos seus dedos.

* * *

Através do livro você aprendeu como o LinkedIn pode ajudá-lo a criar e cultivar as relações que levarão sua carreira ou negócio um degrau acima. É desnecessário dizer que você não se conecta simplesmente, configura um perfil, e observa o dinheiro cair do céu. Você tem de trabalhá-lo regularmente. Afinal de contas, o seu telefone celular é um dispositivo espetacular, mas ele não faz ligações de vendas para você, certo? Se você está em um negócio de qualquer tipo, o LinkedIn é algo que deve tornar-se parte de sua rotina diária – tanto quanto tomar um café ou conferir o seu e-mail. No capítulo a seguir, falarei sobre os tipos de atividades que devem ser parte de sua rotina cotidiana no LinkedIn.

Capítulo 16: A Abordagem Diária para o Sucesso no LinkedIn

Como você deve saber a essa altura, sou um sujeito ligado à propaganda, e adoro slogans de anúncios. Este anúncio do recrutamento da marinha de anos atrás resume este capítulo: "Não é apenas um trabalho. É uma aventura".

Essa é a maneira como vejo o LinkedIn. Todo dia me conecto e não tenho certeza de quem vou encontrar, quem vai me contatar com uma oportunidade, ou quem vai me ensinar algo que preciso aprender ou levar-me a um novo recurso que vai ajudar a impulsionar o meu negócio. É uma aventura porque constantemente encontro pessoas do mundo todo enquanto navego na internet, e muitas dessas pessoas me ensinarão algo e terminarei fazendo parcerias com elas ou fornecendo soluções para ajudar seus negócios.

Mas assim como qualquer aventura exige um pouco de esforço, da mesma maneira ocorre com o LinkedIn. Tiramos dele o que investimos nele. Então é uma boa ideia criar um ritual do que fazer no LinkedIn todos os dias, e o primeiro passo é sua atualização de status.

Tirando o Máximo das Atualizações de Status

Ao acordar e se conectar no LinkedIn de manhã, é uma boa ideia atualizar o seu campo de status. Vá para *Página inicial* > *Página inicial LinkedIn* e você verá a sua foto próxima de um campo sem texto que diz *Compartilhar uma atualização*. (Ver Figura 16-1). Toda vez que criar uma atualização e clicar no botão *Compartilhar*, a sua atualização aparece na página inicial de todas suas conexões de primeiro nível.

Você verá o ícone com um clipe e *Anexar um link* sob o campo do status. Clique nela e a mensagem *Adicionar URL* aparece com um campo para adicionar um endereço de site. Dessa maneira é possível anexar um site que quer que as pessoas visitem, um link para um comunicado de imprensa anunciando um novo produto ou evento futuro, ou um artigo interessante ou postagem de blogue que você quer compartilhar com as pessoas. Ao adicionar conteúdo de valor ao feed de sua rede todos os dias, você ajuda a estabelecer a sua marca no seu campo como alguém que tem conhecimento e é prestativo. Promova um webinário ou um teleseminário e anexe um URL que leva as pessoas direto à página de inscrição.

Também, você verá o aplicativo do Twitter e caixa de seleção do lado direito do botão *Compartilhar*. Quando selecioná-lo clicando sobre ele, o seu feed do Twitter também será atualizado. Então no meu caso, com uma atualização, alerto 27.000 pessoas – minhas 16.000 conexões do LinkedIn e 11.000 seguidores do Twitter.

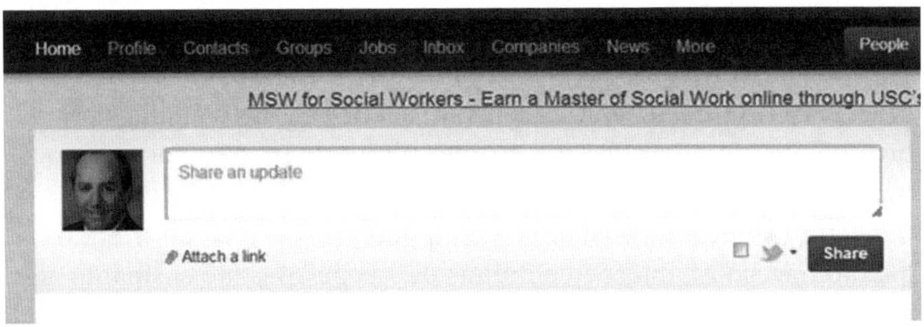

Figura 16-1. A atualização de status permite compartilhar conteúdos interessantes com sua rede e se engajar e permanecer na lembrança de milhares de pessoas cotidianamente.

A atualização é uma maneira de compartilhar conteúdos interessantes ou promover algo que você esteja trabalhando e permanecer na lembrança da sua rede. Com sua atualização de status, você pode:

- Promover eventos de networking que está organizando ou participando.
- Promover os seus seminários e webinários.
- Enviar para as pessoas a última postagem do seu blogue.

- Promover o conteúdo de outros, como postagens de blogues, vídeos e podcasts.
- Fazer uma pergunta que poderia ajudá-lo a solucionar um problema e engajar a sua rede.
- Conduzir uma pesquisa como: "O que você acha da rede social Google?".
- Promover um parceiro de valor mencionando ele e os grandes produtos e serviços que ele fornece (lembre-se: oferecer ajuda é um fator de sucesso-chave no LinkedIn).
- Dizer à sua rede quais vagas estão disponíveis se você está contratando.

Sua esperança é que alguém goste ou comente sobre a sua atualização. Isso vai compartilhar a atualização com a rede daquela pessoa, disseminando a sua mensagem e marca. Você pode ajudar as pessoas na sua rede, comentando as atualizações que achar interessantes de maneira que o autor seja exporto à sua rede.

Etiqueta do LinkedIn em Relação a Atualizações

A seguir, vejamos algumas dicas para assegurar que as atualizações sejam uma parte valiosa da sua atividade no LinkedIn:

- Limite as suas atualizações a duas por dia. Isto não é o Twitter, onde múltiplas postagens durante o dia são a norma.
- Restrinja as suas postagens a tópicos de negócios e evite atualizações pessoais, sobre onde almoçou e a qual programa na televisão assistiu. Tudo que você faz e diz no LinkedIn está contribuindo para a sua marca. Certifique-se de que suas atualizações de status refletem a marca pessoal que você quer criar.

Maneiras Inteligentes de Aparecer em Atualizações de Rede

Ao atualizar o seu status algumas vezes ao dia, você continua a promover a sua marca. Mas nem sempre é preciso escrever uma atualização de status específica porque você pode aparecer nas páginas iniciais das suas redes apenas ao estar ativo no LinkedIn, como a seguir:

- Atualizar o seu Perfil. Toda vez que fizer uma mudança em algum lugar no seu perfil, isso aparecerá nas suas atualizações de *status* nas páginas das suas conexões de primeiro nível.
- Fazer Conexões:

  Toda vez que se conectar com alguém, isso aparece nas atualizações de rede das páginas iniciais das suas conexões. Então é outra ótima razão para aumentar a sua rede.
- Tornar-se Ativo em Grupos:

  Toda vez que gostar ou comentar sobre uma postagem do grupo, isso aparecerá nas atualizações da sua rede.
- Seguir Empresas:

  Vá para a barra superior de ferramentas, clique em *Empresas* > *Pesquisar Empresas*, e siga algumas empresas, e isso aparecerá nas atualizações da sua rede.

Crie uma Declaração de Meta no LinkedIn

Além das coisas que mencionei há pouco, as suas atividades diárias devem todas servir ao seu propósito para estar no LinkedIn. Você definiu quais são suas metas para estar no site? Se não, reserve algum tempo para colocar no papel o que você quer atingir nos Planos de Sucesso no Apêndice A. Então será fácil criar atividades que naturalmente dão suporte à esta meta.

Por exemplo, veja a minha declaração de meta no LinkedIn:

> Quero ser um importante especialista em LinkedIn, criar interesse e vendas para meus cursos de mídia social e treinamentos online, demonstrar meu conhecimento em mídia social, construir uma marca mundial e agregar valor a todos que encontro no LinkedIn.

Crie a sua própria declaração de meta; então se dedique ao que o ajudará a atingir os seus resultados. A próxima seção fornece uma lista de atividades diárias que o ajudarão.

A grande questão é, quanto tempo você pode dedicar ao LinkedIn? Sugiro que você invista pelo menos uma hora ao dia se puder. Isso é o mínimo. Se for um vendedor comissionado passe quatro horas cada manhã fezendo networking no LinkedIn e conhecendo clientes em potencial e então quatro horas de tarde tomando um café ou fazendo ligações para as pessoas que você conheceu. Se está procurando trabalho, fique quatro horas cada manhã procurando conhecer gerentes de contratação e quatro horas de tarde em ligações e entrevistas informacionais.

Mas isso sou eu, já que adoro o LinkedIn! Você é quem decide quanto tempo passar no site, mas lembre-se, quanto maior o tempo, mais resultados você terá. Novamente, o que investir, terá de volta.

Atividades Diárias Poderosas

A seguir, veja sugestões para atividades que o levarão às suas metas (uma vez que elas tenham sido estabelecidas):

- Clique no ícone da bandeira na barra superior de ferramentas para exibir suas notificações. E veja quem se conectou recentemente com você, quem viu o seu perfil, e por aí afora.
- Responda a todas as mensagens personalizadas na sua caixa de entrada, e aceite todos os pedidos de conexão.
- Responda a perguntas de maneira que você fique conhecido como especialista.
- Faça uma pergunta na seção de Respostas; isso ajuda a estabelecê-lo como um líder de ideias. Envie agradecimentos para as pessoas que responderam à sua pergunta.
- Inicie discussões nos seus grupos – talvez um debate sobre um tópico polêmico que receberá retorno, ou uma pergunta sobre algo que o ajudará no seu trabalho.
- Responda com cuidado às postagens dos grupos, com conteúdo adequado e não com conversa de vendedor. A meta é cativar pessoas, não vender logo de saída.
- Crie e distribua conteúdo, como um vídeo ou um relatório para seus grupos e na sua atualização de status.
- Analise a lista de grupos aos quais você pertence, junte-se a novos grupos que o ajudarão a atingir suas metas, e deixe outros que não estão contribuindo.
- Se você tem um grupo, envie convites todos os dias para a sua rede para fazer com que as pessoas entrem para ele. Também, envie uma nota para as pessoas no seu grupo, perguntando como pode ajudá-las.

- Adicione um aplicativo novo ao seu perfil para distribuir o seu conteúdo (na barra superior de ferramentas, vá para *Mais* > *Obter Mais Aplicativos*).
- Peça uma recomendação de alguém com quem você já trabalhou.
- Escreva uma recomendação não-solicitada para alguém que esteja merecendo. Provavelmente existem mais pessoas nessa categoria do que você consegue se lembrar. Aqui vai uma dica para refrescar a sua memória: passe por todas as suas conexões na sua área local regularmente para ver com quem você já trabalhou, mas ainda não recomendou. Quanto mais recomendações você escrever que são aceitas, mais o seu nome e um hyperlink para o seu perfil aparecerão nos perfis de outras pessoas.
- Endosse uma competência no perfil de uma conexão de primeiro nível na sua seção Competências & Especialidades. A sua foto com um hyperlink para o seu perfil aparecerá no perfil dela, de maneira que ela recebe um endosso das suas competências e você promove a sua marca. Escreva para alguns amigos de confiança no LinkedIn e peça por endossos para algumas das suas competências.
- Confira novas conexões em potencial. Com mais e mais pessoas aderindo todos os dias, é uma boa ideia adicionar contatos regularmente. Verá quem você conhece nas empresas para as quais trabalhou e ex-colegas de faculdade para os quais pode enviar um convite a fim de crescer a sua rede de conexões de primeiro nível.
- Pesquise seu nome em Pessoas no canto superior direito digitando a palavra-chave pela qual você quer ser encontrado. Veja onde o seu perfil aparece; se quiser ser número 1, atualize o seu perfil com palavras-chave e frases que o levem a isso.
- Ofereça ajuda: quando fizer uma nova conexão, pergunte à pessoa: "Posso ajudá-lo". Isso pode levar a novas oportunidades.
- Passe adiante pedidos de apresentação tão logo os receber, já que é assim que gostaria que os seus pedidos fossem tratados. Também, faça apresentações não-solicitadas entre conexões se você achar que isso pode beneficiar um ao outro.
- Forneça um retorno que ajude as pessoas; não é necessário vender nada quando postar um comentário, já que as pessoas sempre podem clicar no seu perfil e ver o que você tem a oferecer se tiverem sido ajudadas por seu comentário.

- Agradeça as pessoas que o ajudaram com uma resposta oportuna à sua pergunta ou ao seu pedido de apresentação ou que escreveram uma recomendação para o seu perfil.
- Contate líderes da sua área e pergunte a eles se comparecerão a uma feira comercial ou conferência futuras; se a resposta for positiva, veja se eles têm alguns minutos para um encontro lá.
- Convide pessoas que encontrou em eventos de networking para conectarem-se a você. É uma boa maneira de dar prosseguimento a um encontro e começar uma relação.
- Confira as suas pesquisas salvas por empresas em que está interessado ou comece uma nova pesquisa. Também confira as suas pesquisas Signal salvas por quaisquer atualizações que lhe apresentarão oportunidades.
- Confira a Pesquisa Avançada de Pessoas para ver se há alguém novo, compatível com seu mercado-alvo, e confira suas pesquisas de pessoas salvas.

Atividades Turbinadas do LinkedIn

À medida que o tempo passa, as suas necessidades no LinkedIn irão mudar. É uma boa ideia dar uma olhada em todas as suas opções diferentes e certificar-se de que o site está configurado exatamente da maneira que você quer.

- Periodicamente analise as contas pagas e veja o que elas têm a oferecer. À medida que se torna mais ativo no LinkedIn, talvez precise de uma capacidade maior em termos de pesquisas e envio de mensagens. Vá para o seu nome no canto superior direito, e clique em *Configurações > Tipo da Conta > Comparar tipos de conta* para ver se está interessado em um upgrade.
- Confira como está se saindo em termos de visibilidade. Se esteve otimizando o seu perfil com palavras-chave e engajando várias pessoas em Grupos e Respostas, você aparecerá em mais e mais pesquisas. Confira quantas vezes você apareceu nas pesquisas clicando em *Início > Página Inicial LinkedIn*. Então olhe do lado direito e clique em *Quem Viu o Seu Perfil*. Se aparecer em mais e mais pesquisas, você está se saindo bem. Não existe realmente um

número ideal; apenas certifique-se de que o seu número siga aumentando todos os dias.

- Reordene os seus grupos. Visite os grupos cada dia e contribua com as conversas. Talvez você tenha uma ordem estabelecida, com grupos que têm uma alta prioridade na sua rotina diária. Já que você pode aderir e deixar grupos conforme a sua vontade, eventualmente a sua lista não estará na ordem que você quer. Vá para *Grupos > Seus Grupos* e procure pelo link *Reorganizar* à direita de *Seus Grupos*. Isso mudará a ordem na qual eles aparecem quando você os conferir.
- Confira as suas configurações de e-mail. Você pode associar tantos e-mails quantos quiser à sua conta de LinkedIn. Isso é interessante porque algumas pessoas tiveram apenas o seu e-mail de trabalho associado ao LinkedIn, e quando elas perderam o seu trabalho, elas acharam difícil, se não impossível, chegar à sua conta de LinkedIn. Se você trabalha para outra pessoa, certifique-se de associar um e-mail pessoal de maneira que você possa sempre acessar a sua conta.

Vá para o seu nome no canto superior direito de qualquer tela, clique em *Configurações*, e então clique em *Alterar* próximo de *E-mail Principal* sob o seu nome. É aí que você pode ajustar quais e-mails tem associados à sua conta de LinkedIn e qual o e-mail principal que o LinkedIn vai usar para enviar informações. Quando tiver terminado, clique em *Fechar*.

Esse campo de configurações que você abriu tem várias opções diferentes. Vá clicando nelas e veja como quer personalizar a sua experiência no LinkedIn agora que está familiarizado com o site.

* * *

O LinkedIn vai recompensá-lo com muitas oportunidades e parceiros no mundo inteiro, *se* você investir o tempo necessário. É um recurso tão bom, que vale a pena empregar pelo menos uma hora por dia fazendo as atividades que descrevi, e criar o sucesso que você está buscando. E agora – que *rufem os tambores!* – chego ao grande final, reunindo tudo o que foi visto até agora para inspirá-lo, por uma última vez, a tornar-se ativo neste site incrível.

Conclusão: A Oportunidade Bate a Sua Porta

As oportunidades no LinkedIn são infinitas. Como recurso profissional, o LinkedIn está crescendo diariamente em popularidade, o que significa que há mais e mais pessoas aderindo ao site que podem ajudá-lo a atingir as suas metas. Embora ele supere todos os outros sites de busca de emprego, é muito mais do que um site de pesquisa de vagas. O LinkedIn é um banco de dados mundial que oferece a você uma ampla variedade de oportunidades diferentes para incrementar o seu negócio e carreira dependendo dos seus objetivos.

Para um panorama da diversidade de maneiras que o LinkedIn ajuda as pessoas, fiz uma pesquisa com a minha rede para descobrir como o LinkedIn estava ajudando a impulsionar os negócios e carreiras delas.

"Um projeto que estive envolvida recentemente terminou mais cedo do que o esperado e busquei a minha rede para avisar as pessoas que eu estava aberta a oportunidades de consultoria novamente. Então postei um aviso de que estava disponível. Alguns dias depois um contato de aproximadamente 15 anos atrás escreveu e disse: 'Que coincidência! Eu estava procurando alguém para terceirizar o marketing online para os meus clientes. Agora ofereço meus serviços para os clientes dele".

— Maria, Gerente de marketing digital

"Eu desliguei o telefone agora mesmo, estava falando com uma pessoa que viu uma resposta que eu postei na seção LinkedIn Respostas e decidiu me ligar e contratar para uma feira como seu orientador de tráfego para os estandes. Isso aconteceu muitas vezes e não seria possível sem o networking social."

— Dave, Orientador de tráfego para os estandes em feiras

"Eu estava escrevendo um comunicado para a imprensa e precisava encontrar um professor na Universidade de Michigan para conseguir uma citação. Ele estava aposentado e não constava em nenhum diretório. Ao pedir ajuda dos membros do meu Grupo de ex-alunos da Universidade de Michigan encontrei a conexão de que precisava em apenas algumas hora!"

— Gloria, Especialista em mídia

"Eu diria que o maior sucesso foi conectar-me com os outros coautores de *Improve to Improve Your Business* – um livro que nasceu diretamente da seção LinkedIn Respostas e está agora no mercado. Eu não conhecia nenhum dos outros coautores anteriormente e para mim é aí que a verdadeira mágica acontece no LinkedIn – as oportunidades inesperadas que surgem de ampliar os seus círculos".

— Rob, Autor

"O LinkedIn é um "pool de pesquisa" incrível que reúne alguns dos grandes pensadores de nosso tempo. Eu posso postar uma pergunta ou pesquisa, e em minutos consigo perceber qual é o pensamento comum e diverso a respeito do assunto em questão."

— Michael, Consultor de leasing

"Acho que o meu maior sucesso foi conseguir conectar-me com um tomador de decisões-chave para discutir uma oportunidade de trabalho por meio de uma conexão. Embora eu não tenha conseguido o trabalho, o contato promoveu a base para estabelecer uma conexão que me levou a uma oportunidade futura que não deixei escapar".

— Sean, Redator

"Participação e visibilidade no LinkedIn levaram-me a indicações qualificadas, muitas das quais eu pude fechar negócio. Assim como muitas histórias do LinkedIn, não fui eu que tomei a iniciativa... as pessoas vieram até mim. Pelo menos cinco indicações foram de pessoas do LinkedIn. Às vezes a nossa atividade nas redes parece uma perda de tempo. Apenas lembre-se: as pessoas ainda podem observá-lo sem dizer uma palavra! Você nunca sabe quando elas estarão prontas para fazer contato!"

— Deena, Inovadora de marketing de conteúdo

"Meu maior sucesso no LinkedIn provavelmente seja meu começo como um consultor freelancer. Era 2008 e recebi um contrato no LinkedIn por oito meses. Lembro que na época alguns dos meus colegas estavam passando dificuldades e ficaram sem trabalho por vários meses. Eu tinha um contrato e assim enfrentei a crise financeira sem dificuldades. Nós ainda estamos enfrentando tempos difíceis e frágeis em termos financeiros e econômicos, e o LinkedIn permanece uma ferramenta essencial para profissionais freelancer como eu".

— Eric, Freelancer

"Eu aderi ao LinkedIn muito tempo atrás para encontrar negócios que gostariam de contratar vozes com talento no meu site, o Voice 123. Foram necessárias muitas pesquisas e conversas com pessoas ligadas à indústria, mas, desde julho de 2007, a média mensal de anúncios de trabalho em nosso site saltou de 700 para 1.500. O mero crescimento eu considero um sucesso incrível."

— Stevenm, Gerente de site

Por fim, essa nota de Amnuai da Tailândia, que fundou a Thai Silk Magic e teve sucesso promovendo a sua empresa:

"Com um pequeno negócio de seda tailandesa feita à mão localizado em um vilarejo tailandês remoto e com quase todos nós tendo uma educação formal ou oportunidades muito limitadas, o LinkedIn tem sido essencial para o nosso sucesso.

Ao compartilhar e ajudar pessoas em vários grupos e também em Respostas, eu tive o prazer de ser convidada para conectar-me com pessoas que não só podem me fornecer ótimos conselhos e apoio, como em muitos casos realizaram apresentações para líderes nas indústrias de produtos têxteis, moda e estilo de vida.

Isso resultou em algumas relações maravilhosas que levaram a cinco parcerias, assim como o apoio de uma ampla gama de defensores para o que estamos tentando fazer para o nosso vilarejo. O LinkedIn proporcionou a mim e ao nosso negócio a oportunidade de competir com muito sucesso em um mercado mundial de fornecedores de seda tailandeses que tem sido dominado por grandes competidores, bem estabelecidos e mais ricos.

As pessoas ouvem e passam a apoiar nossa missão de melhorar as vidas e as oportunidades de educação para as crianças do nosso remoto vilarejo tailandês. (Nós conseguimos isso compartilhando todos os lucros). O LinkedIn talvez seja realmente para profissionais de negócios, mas o sucesso para nós foi muito bom."

Pessoas Compram Ideias

Veja bem, as pessoas precisam primeiro "comprar" sua ideia. Depois, elas comprarão de você. Se uma mulher em um pequeno vilarejo tailandês pode usar o LinkedIn para criar sucesso, acredito que ele tem o poder de ajudar qualquer pessoa no mundo a atingir as suas metas. A questão se resume a uma palavra mágica: *pedir!*

Basicamente, você precisa tornar-se ativo no Linkedin e pedir pelo que você quer, a saber:

- Trabalho de um cliente potencial
- Uma apresentação para alguém que pode ajudá-lo
- Um emprego
- Conselho
- Participantes para o seu evento
- Cobertura publicitária
- O que mais você poderia sugerir? Que tal um iate para a sua próxima festa?

A lista é infinita e é limitada apenas por sua imaginação e desejos.

Pedir anda lado a lado com outra atividade no LinkedIn, uma atividade responsável por muitas das oportunidades que surgem para você: contribua generosamente para a sua rede LinkedIn! Contribua ao:

- postar conselhos úteis e links para sites importantes nas suas atualizações de status
- responder a perguntas
- aderir a discussões de grupo com respostas ponderadas
- enviar recomendações não-solicitadas

- compartilhar notícias e atualizações importantes na área
- ajudar outros usuários que precisam de um conselho

Então é uma questão de equilíbrio. Passe parte do seu tempo pedindo e parte do seu tempo contribuindo.

Mensure o Seu Sucesso

Após ter reservado um tempo para aumentar a sua presença no LinkedIn e estar agora vendendo e promovendo seu negócio, acompanhe o seu progresso para saber se os seus esforços estão valendo a pena. Já que você está fundamentalmente investindo o seu tempo, a seguir algumas maneiras para saber se o seu trabalho no LinkedIn está proporcionando retorno sobre o investimento.

Qual o tamanho do seu alcance no LinkedIn?

Isso é medido através de:

- O número de conexões feitas.
- O número de grupos aos quais aderiu.
- O número de grupos criados.
- Quantas pessoas aderiram aos seus grupos.
- Quão interativos os seus grupos se tornaram, com as pessoas discutindo tópicos e respondendo por conta própria.

Quão abrangente é a sua liderança de pensamento?

Você pode dizer isso através de:

- Quantas perguntas fez.
- Quantas perguntas respondeu.
- Quantas "melhores respostas" recebeu.
- O número de recomendações que lhe foram dadas.
- O número de recomendações que você recebeu.

Como foi o desempenho dos seus eventos e campanhas?

Se você está postando um evento ou colocando um anúncio sobre o LinkedIn, compare o seu negócio antes e depois de maneira que você possa mensurar o efeito.

Como o tráfego do seu site cresceu?

Usando o Google Analytics e outros serviços de medição, veja quantas pessoas estão sendo levadas para o seu site a partir do LinkedIn.

- Dos links do seu site no seu perfil.
- De postagens de Eventos.
- De outros lugares onde você colocou o URL no LinkedIn.

Este tráfego está crescendo?
Quantos negócios novos e em potencial você gerou?
Acompanhe as suas indicações e vendas calculando:

- Quantas indicações de negócios recebeu.
- Quantas ligações fez.
- De quantas reuniões de que participou.
- De quantos negócios fechados resultaram disso.

É com Você Agora

A esta altura você tem tudo que precisa para começar o processo de atingir o sucesso máximo no LinkedIn. Lembre-se, o que investir no site você tira dele, então invista um tempo todos os dias procurando conhecer o LinkedIn e o usando para alcançar qualquer objetivo que você tenha. Desejo sucesso em sua jornada no LinkedIn!

Apêndice A: Planos de Sucesso do LinkedIn

Se fosse construir a sua casa dos sonhos, você não sairia correndo até um depósito para comprar madeiras, pregos e equipamentos aleatoriamente, e voltaria correndo para o seu terreno e começaria a construção a marteladas. Pelo menos eu espero que não seja assim que você construiria uma casa!

Não, a primeira coisa a fazer seria sentar-se em uma mesa de desenho para criar um plano da casa que você quer construir. Onde vai fazer a fundação? Onde serão as paredes? Onde ficarão a cozinha, o quarto da bagunça (se você é um homem) ou os closets maiores? Em outras palavras, você cria um plano e então o executa. O LinkedIn é um recurso tão importante para o seu sucesso, que vale a pena fazer um pequeno planejamento inicial para assegurar que você aproveite ao máximo o site. A seguir os 10 Planos de Sucesso que você pode usar para refletir e tomar notas sobre quais são as suas metas no LinkedIn, o que quer que o seu perfil diga e como você o tornará interativo, quem quer encontrar, e quais grupos quer aderir e criar.

Reserve algum tempo para fazer planos. Então use-os como notas ao longo da sua jornada no LinkedIn.

Plano de Sucesso Nº 1: Metas no LinkedIn

Quais são as suas metas no LinkedIn? Escreva tantas quantas conseguir pensar, como mais clientes, parceiros de referência, vendas maiores, oportunidades de publicidade, trabalho freelancer, trabalho em turno integral, mentores e investidores. Procure ter uma perspectiva clara das suas metas e isso o ajudará a determinar como investir seu tempo no LinkedIn.

Plano de Sucesso Nº 2: Promovendo a Sua Marca

Pelo que você quer ser conhecido? É essencial saber disso e assim otimizar o seu perfil para ser encontrado. Primeiro, reflita sobre o que é a sua marca: no que você é bom, pelo que é conhecido, e o que gosta de fazer.

Plano de Sucesso Nº 3: Lista de Palavras-chave

Use as palavras-chave que descrevem a sua marca muitas vezes ao longo do seu perfil de maneira que você seja encontrado nas pesquisas do LinkedIn. Como mencionado, isso é fundamental para o seu título, resumo, emprego atual e empregos passados. Quais são as suas palavras-chave? Reflita respondendo as perguntas a seguir:

Qual produto ou serviço você vende?

____

Quais marcas de produtos você vende?

____

Quais eram as suas responsabilidades no trabalho?

____

Quais títulos você tinha?

____

Com qual região do mundo você trabalha?

____

Quais diplomas ou certificados você tem?

____

Qual programa de software ou outras competências especiais você tem?

____

____

____

____

____

____

____

Plano de Sucesso Nº 4: O Resumo Fundamental

Você tem 2.000 caracteres para contar ao mundo sobre si mesmo. Escreva o que gostaria de dizer. Quem é você? Quem quer ajudar? Como ajuda as pessoas? Por que alguém o contrataria? Cite como você foi bem-sucedido (Você tem um caso para contar que pode adicionar ao seu perfil?). Do que as pessoas gostam em você?

Quem sou:

___

___

Quem ajudo:

___

___

Como posso ajudar:

___

___

Um caso ou história:

___

___

___

___

___

___

___

___

___

Plano de Sucesso Nº 5: Especialidades – O Que o Distingue dos Outros

Você tem 500 caracteres para descrever especialidades. Anote o que você pode fazer pelo cliente ou pela empresa que o contratou. No que teve sucesso no passado? No que as pessoas dizem que você é muito bom?

Plano de Sucesso Nº 6: Apresentações e Documentos

Quais apresentações você já fez e que pode acrescentar ao seu perfil usando aplicativos para multimídia? Faça um inventário aqui, então baixe os aplicativos gratuitos em *Mais* > *Obter mais aplicativos*. Leia a descrição de cada aplicação, incluindo SlideShare, Portfolio Display e Box.net, e veja quais formatos de mídia cada aplicativo suporta.

Vídeos:

____

____

PowerPoints:

____

____

PDFs:

____

____

Apresentações:

____

____

Artwork:

____

____

Projetos de multimídia:

____

Plano de Sucesso Nº 7: Dando e Recebendo Recomendações

Recebendo recomendações. Reflita sobre as pessoas com quem trabalhou e que acha que lhe dariam uma recomendação.

Eu consigo recomendações destas pessoas:

Dando recomendações. Muitas vezes escrever uma recomendação não-solicitada vai render-lhe uma de volta. Com quem você trabalhou e que pode recomendar? Comprometa-se a enviar algumas recomendações por semana.

Eu posso recomendar estas pessoas:

Plano de Sucesso Nº 8: Quem você quer encontrar?

Existem muitas maneiras de encontrar as pessoas no LinkedIn. O primeiro passo é decidir quem você quer encontrar e pensar sobre como essa pessoa descreve a si mesma. Aqui é o lugar para começar a esboçar os perfis das pessoas que quer encontrar e como as encontrará no LinkedIn:

Alvo Nº 1:
Título: ______________________________

Palavras-chave usadas para descrever a si mesmo:

____

Cliente, parceiro de referência, ou outro:

____

Área:

____

Região:

____

Tipos de grupos no LinkedIn aos quais essa pessoa pertence:

____

Passos a serem dados para encontrar essa pessoa:

____

____

____

____

____

____

(continua)

Alvo Nº 2:
Título: ______________________________

Palavras-chave usadas para descrever a si mesmo:

____

____

Cliente, parceiro de referência, ou outro:

____

Área:

____

Região:

____

Tipos de grupos no LinkedIn aos quais essa pessoa pertence:

____

Passos a serem dados para encontrar essa pessoa:

____

____

____

____

____

____

____

____

____

____

____

Alvo Nº 3:
Título: ______________________________

Palavras-chave usadas para descrever a si mesmo:

____

____

Cliente, parceiro de referência, ou outro:

____

Área:

____

Região:

____

Tipos de grupos no LinkedIn aos quais essa pessoa pertence:

____

Passos a serem dados para encontrar essa pessoa:

____

____

____

____

____

____

____

____

____

____

____

(continua)

Alvo Nº 4:
Título: ____________________
Palavras-chave usadas para descrever a si mesmo:

____

____

Cliente, parceiro de referência, ou outro:

____

Área:

____

Região:

____

Tipos de grupos no LinkedIn aos quais essa pessoa pertence:

____

Passos a serem dados para encontrar essa pessoa:

____

____

____

____

____

____

____

____

____

____

____

____

Plano de Sucesso Nº 9: Aderindo a Grupos

Você pode aderir a até 50 Grupos no LinkedIn, e recomendo que maximize o número. Ao aderir ao máximo, você aumenta a sua rede e o número de pessoas que pode contatar. Você pode enviar mensagens diretas para qualquer pessoa em um grupo do qual é um membro.

Abaixo anote as características dos grupos aos quais você quer aderir, então vá para *Grupos > Diretório de Grupos* e digite as palavras-chave que escreveu em diferentes combinações. Por exemplo, você pode incluir região e área, ou região e o título do trabalho do seu cliente potencial. Siga experimentando e procurando por grupos aos quais você pode aderir para atingir as suas metas.

Região que estou localizado: ______________________________

____

Meu interesse profissional e áreas de conhecimento:

____

____

Tipo de produtos e serviços que vendo:

____

____

Tipo de empresas para as quais vendo:

____

____

Quais empresas são minhas fornecedoras:

____

____

(continua)

Títulos profissionais dos meus clientes:

Títulos profissionais dos meus vendedores:

Meus passatempos e interesses:

Associações às quais pertenço:

Plano de Sucesso Nº 10: Criando Grupos

Escreva quais os tipos de grupos que você quer criar. Use as suas respostas da última planilha para criar uma lista de grupos potenciais que você pode criar combinando palavras-chave de diferentes categorias. Você pode criar até 10 grupos e se estabelecer como líder de ideias, enquanto constrói um grande banco de dados de prospecção.

Meu amigo administra uma empresa que vende software para organizações de vendas corporativas. O seu produto envia mensagens para os vendedores que reforçam o último treinamento de vendas. Ele gerencia um grupo no LinkedIn para vice-presidentes de vendas e marketing que tem mais de 50 mil membros; eles são precisamente o seu mercado-alvo, e ele conseguiu fechar negócios a partir do grupo. Qual é o seu mercado--alvo? E qual grupo você criará para ele?

Apêndice B: Sucesso em Vendas na Era da Mídia Social

Gosto de assistir ao canal Bloomberg na minha televisão *widescreen* (quando não tem um jogo bom de basquete ou futebol para ver – é preciso ter prioridades), e tornou-se um hábito meu colocar no programa *Bloomberg West* todas as noites para assistir a sobre os últimos lançamentos no mundo tecnológico. Bloomberg traz ótimos convidados para o programa, de aspirantes na Internet a investidores de risco importantes, passando por capitães Fortune 500 da indústria, e uma pergunta que é sempre feita a eles sobre a *start-up* ou novo site que estão discutindo é: "Ela vai mudar o jogo?". Em outras palavras, essa nova tecnologia vai mudar a maneira que vivemos e trabalhamos?

Adoro esse termo, porque ele descreve tão acertadamente o que o LinkedIn e toda a mídia social fez em termos da maneira como vivemos as nossas vidas. Especificamente, em termos das metas de muitos que leem este livro, a mídia social mudou o jogo das vendas completamente. Os profissionais de marketing e propaganda não ficam mais lá de cima do Monte Olimpo impondo suas conversas de vendedor e estabelecendo suas agendas sobre o que compraremos e como compraremos. Hoje em dia, os compradores têm de garimpar um rio de informações, na forma de críticas e recomendações de seus pares, para fazer as próprias escolhas.

O poder passou para o consumidor. Uma pesquisa feita em abril de 2012 pela Nielsen, uma provedora global de pesquisa sobre o consumidor, declarou que as análises de consumidores online são a segunda fonte mais confiável de informações, depois das recomendações boca a boca de amigos e família, com incríveis 70% de consumidores globais pesquisados dizendo que eles confiam nesta fonte. Em comparação, a pesquisa prosseguiu para dizer que 47% dos consumidores pesquisados confiam em propagandas pagas. Disse Randall Beard, diretor global de Soluções para Anunciantes na Nielsen: "Embora a propaganda na televisão vá seguir como uma maneira fundamental que os profissionais de marketing têm para conectar-se com os públicos devido ao seu alcance inigualável comparado com as outras mídias, os consumidores mundo afora continuam a ver as recomendações de amigos e as opiniões de consumidores online como de longe as mais críveis".

O Novo Processo de Vendas de Cinco Passos

Então onde isso deixa o profissional de marketing hoje em dia? Com isso quero dizer, onde isso deixa *qualquer pessoa* que tenta persuadir outra a comprar algo, incluindo empreendedores, pequenos proprietários de negócios, varejistas, provedores de serviços e grandes corporações. Você vê, todo mundo está no mesmo barco: nós todos temos de adotar uma nova maneira de vender, e a fórmula é a seguinte:

- Passo 1. Identifique o seu público-alvo.
- Passo 2. Identifique as necessidades dos seus clientes potenciais conhecendo as suas esperanças, sonhos e temores.
- Passo 3. Procure conversar com eles ouvindo primeiro e depois interagindo.
- Passo 4. Ajude-os com suas necessidades fornecendo adiantado recursos valiosos e de graça.
- Passo 5. Ofereça o seu produto ou serviço assim que estiverem na sua esfera de influência.

Na nova maneira de fazer marketing, a oferta de venda real vem bem no fim, após você ter criado uma relação com o cliente potencial e ele ter passado a conhecer, gostar e confiar em você. Quando você constrói uma relação primeiro e proporciona valor na forma de educação ou informação gratuita, o comprador vê você como um provedor preferencial. Sim, ele ainda vai checar com seus pares por críticas ou recomendações, mas agora você está na sua lista breve ou no topo da sua lista quando chegar o momento de comprar. Na realidade, talvez você tenha feito um trabalho tão bom em termos de engajar o comprador e fomentar a sua confiança que ele nem considera comprar com qualquer outra pessoa.

Eu gosto da maneira como meu amigo e colega palestrante, David T. Fagan, descreve a questão quando ele diz que precisamos sacudir completamente o velho modelo de conseguir os clientes primeiro e depois torná-los fãs. Hoje em dia, você precisa torná-los fãs primeiro.

"O processo de encontrar clientes novos e torná-los fãs incondicionais está desaparecendo", diz Fagan. "Agora nós temos de fazer as pessoas fãs primeiro e compradoras depois! Nesta nova era digital de mídia social e interação global isso é exatamente o que nós precisamos fazer".

No seu livro muito informativo *Likeable Social Media* (McGraw-Hill, 2011), Dave Kerpen concorda com esse sentimento:

> Ao consistentemente proporcionar um ótimo conteúdo com o passar do tempo, não precisará anunciar quão maravilhoso você é – a sua comunidade já saberá com base no que você compartilhou. E quando eles estiverem prontos para comprar o seu produto ou serviço, não precisarão reagir a anúncios dizendo a eles quem procurar. Eles não precisarão nem pesquisar o Google para descobrir o que estão procurando. Eles já sentirão que o conhecem – confiam e gostam de você – então o procurarão para solucionar o seu problema.

Bem, como nós fazemos fãs primeiro neste novo modelo movido pelas mídias sociais? Basicamente, contribuindo para as pessoas, acrescentando valor às suas vidas e as servindo, podemos ganhar o direito de interagir com elas. As pessoas preferem trabalhar com doadores, não tomadores.

Coloque as Necessidades dos Seus Clientes em Primeiro Lugar

Quando nos referimos a sites de mídia social como o LinkedIn, profissionais de marketing estão pulando os primeiros passos descritos acima. Eles acham que trata-se de mais uma mídia de radiodifusão como o rádio ou a TV com a única diferença de ser gratuita. Mas o que você precisa fazer é colocar-se no lugar do seu cliente potencial. De um modo geral, você provavelmente concordaria que as pessoas estão interessadas em si mesmas. Existe algo que elas necessitam alcançar – alguma meta que elas precisam conquistar. Qual é essa meta? Qual é essa necessidade? Concentre-se primeiro em ajudar a alcançá-las, e você estará em solo firme na nova maneira de vender.

Então como se faz isso? Bem, faça um inventário do que você tem que poderia talvez atender às necessidades do seu cliente potencial. Quais produtos de informação você reuniu na forma de e-books, vídeos, artigos, blogues, entrevistas, webinários e teleseminários? Certifique-se de que tenham valor, que eles se refiram às suas necessidades imediatas e sejam dados a eles sem uma expectativa de compra.

Se você ajudar as pessoas de graça, então como você faz para eventualmente vender para elas? O que você pode fazer é trocar esse conteúdo valioso de solução de problemas por elas entrarem em seu sistema de captura de e-mails. Faça uso dos vários programas de gerenciamento de e-mail e configure uma caixa de adesão no seu site, onde os clientes potenciais trocam o seu endereço de e-mail por conteúdo. Então você pode continuar a educar, esclarecer e informar as pessoas ao longo das semanas e meses seguintes – construindo uma relação sólida de confiança enquanto acrescenta uma venda sutil do que você quer que elas comprem.

A Arte de Contribuir

Se isso soa como um processo longo e complexo, temo que simplesmente terá de se acostumar a ele. Você não pode simplesmente irromper subitamente no LinkedIn ou qualquer outro site social e começar a vender. Por exemplo, eu tenho um cliente que administra uma empresa de marketing nacional bem conhecida. Ele estava infeliz porque não conseguia nenhum cliente novo dos seus esforços de venda no LinkedIn. Quando perguntei o que estava fazendo, ele disse que estava focando determinados tipos de proprietários de pequenos negócios – como dentistas e quiropratas – e enviando a eles mensagens não-solicitadas diretas através do sistema LinkedIn oferecendo sua assistência de marketing.

Isso pareceria a coisa mais lógica a ser feita, mas não funciona. Eu recebo quatro ou cinco mensagens diretas por dia no LinkedIn, cartas padrão oferecendo algum tipo de serviço, e eu as ignoro. Você simplesmente não pode pular o processo de engajamento: no LinkedIn você pode abrir o perfil de uma pessoa, conhecer como ela é, tentar averiguar as suas necessidades, então oferecer a ela algum conteúdo gratuito em vez de partir para cima e tentar vender direto.

Por exemplo, a seguir como meu amigo poderia ter lidado com suas mensagens no LinkedIn para obter resultados melhores:

> Olá Dr. Pedro. Eu li o seu perfil aqui no LinkedIn, e vejo que o senhor tem um consultório odontológico familiar na cidade. Eu ajudei centenas de dentistas como o senhor a triplicar sua base de clientes em um espaço de tempo muito curto ao alavancar suas mídias sociais. Eu gostaria de enviar meu artigo gratuito "As dez estratégias de mídias sociais mais importantes para incrementar a clientela da sua clínica odontológica". Não há nada para comprar e compromisso algum. Então, por favor, me informe se tem interesse. Obrigado pelo seu tempo.

Esse tipo de mensagem receberá muito mais respostas. Então meu amigo poderia enviar um artigo e na parte de trás do artigo incluir uma venda sutil para o próximo passo no processo de venda. Ele poderia fazer uma ligação telefônica para avaliar qual o nível de uso das mídias sociais do dentista e como elas poderiam ser usadas imediatamente para ajudá-lo. Se o dentista aceitar e engajar-se no telefonema, agora ele foi atraído para a esfera de influência do meu amigo, e poderia potencialmente ser um novo cliente.

É claro, este método depende de um brinde. Se você não tiver nenhum conteúdo valioso, seja informacional ou voltado para o entretenimento, que possa dar de graça, então esse é um projeto para você. Comece a gerar recursos valiosos que possa dar de graça ouvindo às necessidades dos seus clientes potenciais, então comece a criar ferramentas e recursos para ajudar as pessoas a atingirem suas metas. Aproveite a ferramenta de pesquisa gratuita do LinkedIn ou um programa de levantamento com o SurveyMonkey.com para fazer a sua pesquisa.

Não esqueça da palavra mágica: *reorientação!* Talvez você já tenha criado algum conteúdo, mas está em outro formato. Você pode transformar quase tudo que criou em presentes gratuitos. O discurso que você fez e gravou pode ser transcrito e transformado em um e-book. Você pode tirar o áudio de um vídeo seu e dar como uma gravação de MP3. Um exemplo disso é quando eu pego muitos artigos do LinkedIn que eu escrevi ao longo do tempo e os transformei em um e-book didático que eu dou no meu site como um bônus gratuito para as pessoas por assinarem a minha newsletter.

Uma questão a mais a ser considerada é que você não precisa gerar todo o conteúdo sozinho. Existe uma abundância de artistas profissionais e escritores disponíveis para ajudá-lo a preços viáveis, e você pode encontrar a todos eles em sites de terceirização como Guru.com e Elance.com. Particularmente gosto do Elance, e contrato artistas para o site a toda hora para criar o pacote e polimento profissional que preciso para o conteúdo profissional que crio.

Descubra o que as pessoas precisam e forneça a elas, logo no início e gratuitamente, e, aos poucos, você criará aquela relação fundamental que proporciona confiança e credibilidade, e vai direto ao assunto. Ao fazer isso, ao ser um doador, você gerará seguidores que se tornarão fãs leais e clientes pagadores.

Para Mais Informações

Visitar www.linkedsuccess.com para:

- Baixar recursos gratuitos
- Aprender sobre treinamento de LinkedIn
- Assistir clipes de vídeos
- Assinar a newsletter de Dan
- Link para outros recursos de Dan

Conectar Dan em www.linkedin.com/in/linkedinspeaker

Aderir à conversa tornando-se um membro do Grupo de LinkedIn de Dan, "Link Success with Dan Sherman"

Contatar Dan em dan@linkedsuccess.com para aprender mais sobre os serviços que ele fornece, incluindo:

- Seminários
- Treinamento online
- Treinamento corporativo
- Palestras

Índice

Sobre o Autor

Dan Sherman é um especialista em LinkedIn, consultor de marketing de mídias sociais, autor e palestrante, cujo foco é ensinar profissionais de negócios a alavancar o poder incrível do LinkedIn. Através da sua empresa Linked Success, Dan mostra a empreendedores, proprietários de negócios e profissionais como conseguir mais clientes, vender mais produtos, construir uma marca poderosa e estabelecer-se como líderes de ideias usando o LinkedIn todos os dias.

Dan tem mais de 20 anos de experiência em gerenciamento de marketing. Ele trabalhou como diretor de marketing para duas empresas de internet no Vale do Silício, onde liderou equipes de marketing e desenvolveu programas geradores de vendas inovadores. Dan também foi gerente na Charles Schwab por oito anos, onde criou os programas de marketing para o departamento com o crescimento mais rápido na história da Schwab, trazendo US$ 50 bilhões em ativos para a empresa. Ele é um ávido empreendedor, e após deixar o mundo corporativo, construiu diversos negócios bem-sucedidos na internet.

Dan é um palestrante altamente conceituado, e seus seminários de marketing na internet e nas mídia social recebem os maiores elogios tanto de profissionais de marketing novos quanto veteranos. Ele é um blogger de LinkedIn para um site de marketing internacionalmente conhecido, e contribuiu com artigos sobre vendas para as revistas *Entrepreneur* e *Selling Power*. Ele formou-se pela Tufts University em Medford, MA, tendo se bacharelado em inglês com louvor. Dan é o autor de *You Can Be a Peak Performer!* e criador dos cursos de treinamento online *Linked Into Action* e *Affiliate Wealth Today*.

O site de recursos do LinkedIn de Dan pode ser encontrado em www.LinkedSuccess.com. O seu perfil no LinkedIn está em www.linkedin.com/in/linkedinspeaker. O Twitter de Dan é @DanLinkedInMan. Os dois grupos de LinkedIn de Dan são "Tampa Bay Marketing Professionals" com mais de 3.700 membros e "Link Success with Dan Sherman".